华章经典·管理

第二曲线
跨越"S型曲线"的二次增长

THE SECOND CURVE
Thoughts on Reinventing Society

［英］查尔斯·汉迪　著　苗青 译
（Charles Handy）

图书在版编目（CIP）数据

第二曲线：跨越"S型曲线"的二次增长 /（英）查尔斯·汉迪（Charles Handy）著；苗青译 . —北京：机械工业出版社，2017.4（2025.4 重印）

（华章经典·管理）

书名原文：The Second Curve: Thoughts on Reinventing Society

ISBN 978-7-111-51445-9

Ⅰ. 第⋯ Ⅱ. ①查⋯ ②苗⋯ Ⅲ. 经济增长理论 Ⅳ. F061.2

中国版本图书馆CIP数据核字（2017）第059961号

北京市版权局著作权合同登记　图字：01-2017-0898号。

Charles Handy. The Second Curve: Thoughts on Reinventing Society.

Copyright © 2015 by Charles Handy.

Chinese (Simplified Characters only) Trade Paperback Copyright © 2017 by China Machine Press.

This edition arranged with Random House Books through Big Apple Tuttle-Mori Agency, Inc. This edition is authorized for sale in the Chinese mainland (excluding Hong Kong SAR, Macao SAR and Taiwan).

No part of this book may be reproduced or transmitted in any form or by any means, electronic or mechanical, including photocopying, recording or any information storage and retrieval system, without permission, in writing, from the publisher.

All rights reserved.

本书中文简体字版由Random House Books通过Big Apple Tuttle-Mori Agency, Inc.授权机械工业出版社在中国大陆地区（不包括香港、澳门特别行政区及台湾地区）独家出版发行。未经出版者书面许可，不得以任何方式抄袭、复制或节录本书中的任何部分。

第二曲线：跨越"S型曲线"的二次增长

出版发行：机械工业出版社（北京市西城区百万庄大街22号　邮政编码：100037）
责任编辑：董凤凤　　　　　　　　　　责任校对：殷　虹
印　　刷：北京铭成印刷有限公司
版　　次：2025年4月第1版第15次印刷
开　　本：170mm×242mm　1/16
印　　张：14.5
书　　号：ISBN 978-7-111-51445-9
定　　价：69.00元

客服电话：（010）88361066　68326294

版权所有·侵权必究
封底无防伪标均为盗版

献给我的孙辈们：里奥、山姆、涅斐勒、斯嘉丽，
他们将生活和工作在我所想象的世界里。

感谢
彼得·德鲁克管理学院对本书出版的贡献。

推荐序
Foreword

《第二曲线》是英国管理大师查尔斯·汉迪于80岁高龄特别为年轻一代写的书。身为伦敦商学院的创始人之一,汉迪其实本质上是一位"社会哲学家",他谦称自己是个没有特殊专长的社会哲学家。从他过去一些知名的著作如《空雨衣》《变动的年代》《非理性的时代》,到近年出版的如《大象与跳蚤》《你拿什么定义自己》,都可以看出汉迪真正关切的领域与内涵。值得一提的是,汉迪早年在跨国公司工作,熟悉大型组织的运作,而后专注研究由管理学的观点关怀各类组织的行为。他深信知识社会的来临将对个人与组织乃至社会的运作带来巨大的变化与新兴的机会。他个人更是身体力行,离开大型跨国公司,从事专业的知识传播工作(照他的比喻是从"大象到跳蚤"),他的著作自然比一般学者谈的理论更为接地气、更能贴近真实世界的变化。

管理理论研究企业、组织与人的关系,好的著作必然要有社会与人文的关怀才能深入管理的核心本质。

虽然没有章节直接点明这本书的核心,但是其实就是围绕"创新"与"变革"这个主题,作者借由数学上的"西格玛曲线"作为隐喻,诠释人类社会持续发展的这项重大特质。在这个世界上,所有的有机体,无论是动物、人或是由人所创造的产品,最终都难逃一个"生命周期"的自然规律,都会经历从诞生、成长、衰退,到最后结束的过程,然而往好处看,人类的组织却是可以通过不断的创新来延续组织的可持续发展的。汉迪巧妙地用他社会哲学家的观点，以多篇短文的形式，从公司组织、企业治理、市场的变化，到个人职业发展、社会人际关系以及未来的教育与社会价值，多维度地探讨这个世界需要重新以不同的角度来思考问题，不能够总是停留在"第一曲线"的世界中。正如作者自我的定位，作为哲学家，他负责观察并提出重要而有趣的问题。虽然他声明不负责回答这些问题，但是读者在阅读的过程中能经由汉迪极为生活化、平易近人的分析进入深邃的思考，寻求自己的答案，这也是汉迪一贯的风格。

创新的第一步是要能够放弃过去的成功经验，只是多数人太习惯于自己的"舒适区"，形成了惯性的思维而不自觉，那么他们的命运就必然会依循"生命周期"的循环，由盛而衰，所差的只是时间的长短。

"创新"硬币的另一面就是"变革"，对于企业组织来说，有很多时候缺乏的不是创新的构想或是创意，而是付诸实践的变革行动，作者特别提到很多知名的企业，因为沉迷于过往的荣光最后招致被淘汰。

作者特别强调"第二曲线"的重要性，它是一种不同于过去的思考方式，让我们根据新的时代与外部环境重新看待这个世界，书中也列举了许多正在改变我们生活方式的重大事件，充分显示了汉迪的人文关怀。

另外一件更重要的事恐怕是启动"第二曲线"的时机，好的变革通常不是等到火烧眉毛、不得不为的时候才进行的，要动手术就要趁着身体还有本钱的时候，当势头往下坠，走入生命周期的末端，变革必定事倍功半。作者很形象地用两条半重叠的西格玛曲线来表达这个概念，当第一条曲线还处在上升阶段，第二曲线就应该启动了。这个概念正和咱们中国经典《左传》中说的："居安思危，思则有备，有备无患"的道理一样，不但要换脑袋，还得趁早。如果我们把这个概念延伸一下，那么就会出现"第三曲线""第四曲线"，每条曲线紧密衔接，绵延不绝，生生不息，社会、组织因此得以持续发展，创新的价值就会更加明显。

人类社会从农业文明到工业文明，再发展到后工业时代或是信息化时代，其中每一阶段的转变，都是一种"范式转移"，思维的逻辑迥然不同，成功的范式当然也随之改变，然而在范式转移的过程中对多数人来讲却是不易察觉的。尤其是像中国这样高速发展的国家，更常常是多种范式并存，稍微松懈便留在舒适区中，甚至停留在模仿他人已经过时的"第一曲线"中而不自知。

已故的管理大师彼得·德鲁克常说，"关注未来"是领导者非常重要的大事，但关注未来并不是"预测未来"，因为所谓的"未来"就发生在眼前。通过关注趋势和趋势的变化，从当前着手，创造未来。从这一点来说，两位大师所说的道理实在是相通的。

相信你和我一样，在阅读这本书的时候不禁会问：我们的"第二曲线"在哪里？

刘家雍

彼得·德鲁克管理学院特聘教授

前言
Preface

为何会写本书？我希望谁来读它

"请在这儿签名，"他说，"并写上日期，确保把年份写全，否则在这里我们可能搞不清是哪个世纪的签名。"说话的是温莎城堡的管理员，他刚刚递给我一把古老的钥匙，这与我的新工作有关。我笑着接过来，本以为这是个笑话，但当我抬头看他时发现他明显是很认真的。我本该为此受到警告的。

我要去那个研究未来个体及社会的民族价值问题学术会议中心当"监察"，这个头衔真有点儿特罗洛普（Trollopian，英国作家）式的味道。温莎城堡的历史令我着迷。安排给我们的房子是1216年为年轻的亨利三世建造的，从里到外都散发着历史的气息。我本希望在这个历史的宝库里创建起一个创造性思维的大本营，但很快我就意识到，历史和传统在被视作珍宝的同时，本身也成了一个牢笼。某些固有的做法已经延续了几百年，想要改变现状的话，除非出现一场灾难，这无可厚非，但意味着进步将是缓慢的，通常情况下只是对突发事件的一系列无计划的反应，而不是对某一愿景有计划的追求。这对于那些想要在历史的基础上有所作为，但被传统的卫道者所阻挠的新来者而言，是令人沮丧的。

在离开温莎城堡之后，我意识到大部分的生活（甚至在城堡之外的生活）都被"如果运转着，就不要管它"这一原则掌控了，那些"现状不会持续太久了或者改变会变得更好"的劝告经常被充耳不闻。人们不断告诉我，现状比未知的要好得多。如果不得不发生变化，那肯定是"比过去更好"，而非大相径庭。但社会并不是按预想的发展，对大多数人而言，生活变得越来越艰难，而非越来越轻松。不平等的现象在增长，财富既没有像过去那样向下流动，也没有像理论中预想的那样向上流动，因为人们陷入了债务之中，将大部分钱都花在了房子上，只将剩下的极少部分用在了刺激经济的消费上。太多的习俗、惯例和社会体系都是为过去的时代设计的。互联网及其衍生品除了颠覆我们的机制以外，也正在彻底改变我们的生活。西方世界似乎已经进入退休模式，在经历了过去十年的金融危机之后，人们开始无奈地接受了那种小心谨慎的生活，寄希望于只要时刻保持冷静，他们就能回到已经习惯了的舒适生活。然而现实是，我们既无法回到过去，又无法让现状无限期地延长。当我们周围的世界变化了，我们自己也必须做出改变，否则就会像兰佩杜萨（Lampedusa）的小说《浩气盖山河》（*The Leopard*）里坦克雷迪（Tancredi）对他叔叔说的那句名言一样："为了保持不变，一切都将改变。"不幸的是，在那些可能对我们的未来负责的人们看来，那些大胆的想法都不可信或太过冒险。政府部门改进、调整，但都是更倾向于保持强权，而不是尝试新的视野和新的可能。

这些都发生在我们许多关于生活的设想被新科技和新价值观颠覆的时代。暂且将国际事务这台大戏放在一边，改变最多的是我们的日常生活。本书是写给我尚且年幼的孙辈的，他们将成长在一个和我所经历的完全不同的世界里，但是他们正在为此做准备，就好像与我所认知的世界相比，对他们而言，他们的世界也不会有太大的差别：只要肯努力且通过考试，就会在各种组织中找到工作，那些工作和考试与我60多年前遇到的不会有太大的差别。这对于失望和幻想破灭而言是一剂良方。因为有预言家说，到2030年，今天一半的工作岗位都将消失，那我们又如何让年轻人为一个可能不复存在并且无法预见的世界做准备呢？

我承认，对于我的孙辈和他们的同龄人在未来的30年后如何生活，我知之甚少。随着生活越来越虚拟化，他们生存的社会将是怎样的组织形态？他们的生活是否仍由国家管理？还是国家已被城邦或者联邦取代了呢？他们将如何衡量成功或将如何选择生活？将来任何基于信息的事物，像书籍、音乐或娱乐都将是免费的，而在一个提供免费商品的社会里，有偿的工作机会也会很少。如果他们确实找到了，或者更幸运地创造出了有偿的工作岗位，他们就要好好工作到80多岁，并且他们要对那些工作乐在其中。

这些年轻人已经生活在了一个被信息统治的世界里，这些信息来自他们的指尖、一次按键的连接，甚至仅仅是他们的声音。这些技术发展得更快、更好、更易于使用，但同时带来的结果也是难以预测的。新技术将会使他们的生活变得更简单还是更混乱？当过多的信息或交流给人带来不适的时候，他们又该往何处躲藏呢？当人们总是轻易地推迟决策以待获取更多的信息（而且现实情况是人们总能获得更多的信息），或者把时间都花费在回应自己手中的各种小玩意儿接收的信息上，而留给原创思想和行动的时间寥寥无几时，信息的洪流是否会让他们变得优柔寡断、被动迟钝呢？你会信任仅仅在虚拟世界见过的朋友或同事吗？靠公式和程序对每一种可能性进行的演算会主宰我们的生活吗？新媒体抛出的一些不确定性令人担忧，但技术变革通常是制造更多问题而不是解决办法。

在我看来，绝大多数新事物偏爱的是少数人而不是大众。社会是不平衡的，权力的分配是不公平的。在商业领域中，信息经济正演变为"赢家通吃"，像亚马逊、Facebook和谷歌占据了统治地位并阻拦着任何胆敢入侵的新加入者。如果我们想拥有一个让未来造福于每一个人而非享有特权的极少数人的机会，那我们就需要挑战正统，有一点梦想，超常思考并且敢于尝试不可能。这正是隐藏在第二曲线原则背后的思想起源，也是贯穿本书的主线。

第二曲线要传递的思想就是，在生活中为了向前发展，有时候彻底的改变是必要的，这意味着开辟一条与当前完全不同的新道路，这通常要求人们对熟悉的问题拥有全新的视角，托马斯·库恩（Thomas Kuhn）将其称为"范式转移"。我将在第1章中更全面地介绍这一观点。真正的问题是，当第一曲线仍在继续时，改变就必须开始。这就意味着掌控着第一曲线的人不得不开始重新思考未来，或者更常见的是让其他人来领导新的曲线，这并不是一件容易的事。我们会问自己，一切都运转良好，为什么要改变呢？当危机逼近时，改变更容易被接受，但此时资源和时间的枯竭会使得改变更难以实施。

对于第二曲线而言的好消息是，尽管世界上的某些地区近年来发生了巨变，但对绝大多数人而言在过去的半个世纪里一切运转良好。如果我们将现在的生活与过去对比，会发现人类确实比历史上任何时期都更加健康、富有、长寿，生活也更优越。平均来看，人们的工资水平是50年前的3倍，而且用这些钱所能购买到的一系列产品会让我们的父辈大吃一惊。最近在蒂罗尔山区的一个会议上，一名发言者惊讶于尽管欧洲内部存在争端，但当今的人们都不愿意离开欧洲。这意味着，按照第二曲线的理论，这正是我们重新思考社会运行方法，同时将我们所创造出的丰富物质进行最大化利用的最佳条件。自鸣得意既是危险逼近的信号，又是一种机遇，而无所事事将会冒着失去所有的风险。

在接下来的章节中，我试图将第二曲线的思想应用到一系列问题上，从资本和政府到教育与美好生活的定义，以及其他领域。在我的思考中没有意识形态，只有第二曲线的哲学，而这是我们在生活的各个领域所亟须的新的指引。正如我提到的，一条清晰的新曲线的出现，意味着对自我责任越来越重视的需要。我的孙辈和他们的同伴届时将会更加独立，比我更甚。我们再也不能依靠教育机构和工作场所来让自己为生活做好准备，也不能依靠它们来照顾自己。过去，别人很轻易地就能指导我们的生活，我从中学到大学再到职场都经历过这些。每个阶段，我都被告知该做什么以及如何去做，但是以后这些将不会再发生了，即使发生，那些所谓的指导也可能是错误的。未来，我们对那些机构的忠诚度将不可避免地降低，我们和机构彼此之间的关照也会减少。这是因为我们和机构之间的大多数合约将会变成临时性的，并且那些机构自身也将不再存在，我们待在机构中的时间也将更加短暂。我们的社区将会成为利益共同体，而不是一个普通场所或机构。社区利益共同体更有趣、更平等，但不会过多地干涉其成员的其他生活。在社区之外，每一个人都必须自己谋生。今天的亲密关系和婚姻有时更像利益共同体，而非责任共同体，因此当共同利益消失的时候，这段关系也就随之消亡。当不安全感越来越普遍，每个人都必须营造自己的安全港。生活将更加不易。

　　我对国家、党派、政治并无深入研究，也不会讨论诸如气候变化、欧盟的未来、中国崛起及伊斯兰内部分裂等太过宏大的问题。很明显，这些都是影响未来发展的重大事务，但作为个体而言，我们对这些事务的影响十分有限。更坦白地说，我不得不承认这些话题已超出了我的能力范围。像其他人一样，在这些问题上，我有自己的观点，但也并不一定比别人的更有价值。举个例子，我认为气候变化真正的挑战在于，当事情已经不可逆转时做出正确的调整，尽管无法逆转，但我们有可能减缓变化的速率；我预计大多数人最终都将生活在类似新加坡那样的空调城市里，正如我曾在新加坡生活时那样，但是很多知识渊博的专家告诉我这种想法太悲观了，他们也许是对的；我预计欧洲局势最终将演变成由核心六国组建内部联邦，外围由其他民族国家组成外环联邦，当然同样我也许是错的。暂且把这些重大事务放到一边，在我们力所能及的、可以施加影响的事情上，我们已经有足够多的挑战了。

　　因此，本书是对这些挑战的思考的合集，篇幅都很短，因为前些年我定期为BBC早间电台节目《今日》撰写并广播"今日思考"。在撰写这些观点的过程中，我学到了很多，比如简明扼要地抓住听众和作者的思想，因为广播长度被控制在450字，也就是2分45秒以内，这并不容易，我经常想多要点时间，多说几句，但是那些短小精悍的观点与我们现在生活的这个"小即美"的世界完美契合。广播也许可以不间断地播送两分钟多，但是电视每隔20秒就会换一个新画面，而推特（Twitter）只给用户140个字符的留言空间。

我现在读论文和报告时只读内容提要，只在必要的情况下才深入文章主体。我的书房里堆满了买来的书，我曾想努力地把它们彻底读完，直到有一天我意识到这是不可能的。我把这些书归置到已经超负荷的书架上，如今这更像是我当年美好愿望的直观体现。相反，我开始读星期日报纸上的新书评论并且骗自己并不需要把书买过来读。在自己写书时，我也把篇幅规划得足够短，短到在从伦敦到洛杉矶的航班上就能读完。我认为只有在那时，我的潜在读者才能拥有一段不被打扰的时间，把我的书读完。但是如今随着车载电话以及无时不在的黑莓或 iPhone 的出现，即使是那样安静的时间段也被打断了。

因此，我写的书务必要简短，或者至少单个章节的内容要精减到忙碌的人们愿意读的篇幅。我比较慷慨地允许自己将本书的每一章控制在一定的字数范围内。本书共 16 章，对于一本书来说，比较短，但也足够了，我希望本书能让人停下来反省。因为篇幅短，文章舍弃了细节以便集中阐述一些关键的原则。这既是缺点，又是优势，这些文字都是基于我个人的生活经历和研究而写的，是个人观点而非权威发布，但或许这样会让本书读起来更有意思。那些帮助阐明观点的故事、当下流行的说法是我从"今日思考"中获得的。

我从不认为自己是什么专家，只是把自己看作一位提出问题而不是找到最佳答案的社会哲学家，因此本书并不是一本操作性的说明书，我不会假装自己知道第二曲线在各领域的应用，尽管我提出了很多刺激大家的建议，但其实我更多的是试图引导读者超越常规地去思考。有时候光是提出问题就已经非常关键，更别提找到答案了。这种事不能指望那些只见树木不见森林的专家，他们总是聚焦在一些细节上而忽略了逐渐显现的重大变化。我认为书中的一些章节或许与大家的切身利益更相关，所以这不是一本必须从头翻到尾的书，你可以像点菜那样随意翻看你感兴趣的章节。那些熟悉我之前作品的人也许会注意到我会在书中重复使用一些观点和比喻，包括第二曲线这个概念本身。我从 25 年前就开始使用这些并未定义完善的概念，它们重构了一个不同的世界，而且为我们解决难题提供了不少帮助。

回过头来看我 80 年的人生，我总在想为什么我很少质疑那些事情的运作方式（至少在前 30 年是这样的），无论是在英国还是在世界的其他地方？我曾以为事物的运行总是理所当然的，而那些权威人士总是知道自己在干什么并给出忠告。现在我知道事实并非如此。我遇到的大部分青少年对于眼前的这个世界，以及将来该如何生活这一真正的难题比我有更多的了解，这让我印象深刻。我鼓励他们去挑战现状，质疑传统的智慧，大胆塑造自己的生活。此外，我也希望大人们能做同样的事情，从忙碌的生活中抽身出来看看自己前行的方向。

我在温莎城堡当"监察"时的一项工作就是利用周末把这个国家的一些意见领袖聚集起来，他们都是学术界、商界、政治界和军界的精英。把他们聚集起来的目的是帮助他们聚焦社会面临的重大伦理道德问题。这种讨论很吸引人，参与者也都很有意思，但我发现这些精英都急于阐述自己的观点，而不是倾听别人的意见，更不用说改变自己的想法了。在这些会议中并没有出现类似第二曲线的思想，因此我们决定进行另一组讨论，这次我们邀请了新生代的新星来参与。他们没有需要捍卫的公众身份，更愿意倾听并且思考其他的观点。至少对我来说，这种场景更让人感到高兴。希望他们在走上了足以影响一些事务的岗位时，还能想起曾经的那些讨论。

因此，本书是写给新生代的，我希望借此能点燃他们的好奇心，激发他们的想象力，鼓励他们在朋友和同事之间展开讨论。约翰·梅纳德·凯恩斯（John Maynard Keynes）曾说过："我确信与既得利益者所获得的权力相比，更值得关注的是，人们的观念被逐渐侵蚀。"大卫·休谟（David Hume）也早就说过，真理是从朋友间的争论中产生的。我同意他们两位的观点。我最高兴的事莫过于在摆上美酒的晚餐桌旁与朋友辩论。我们能通过交流改变我们的世界。如果本书能激发更多类似的讨论，那我就心满意足了。不管怎样，我的目的是激发大家，而不是让大家纠缠于细节，我很清楚细节非常关键，但在细节方面会有人比我了解得更多。

目 录
Contents

推荐序

前言

第1章　第二曲线
是什么？我们是如何发现它的　/1

第2章　DIY 社会
技术改变了世界吗？是变好了还是变坏了　/16

第3章　新的颠覆
信息革命将如何改变你的生活　/27

第4章　工作场所
是什么？在哪里？和谁一起？如何工作　/40

第5章　市场
它被证明是虚假的上帝吗？在什么地方可以信任它　/54

第6章　增长的困境
更多总是意味着更好吗　/67

第7章　资本主义的玻璃塔
我们需要新的资本主义吗　/80

第 8 章 **公民组织**
　　企业应该更民主吗 //93

第 9 章 **新管理**
　　是什么？它该如何实施 //105

第 10 章 **庞氏社会**
　　我们是否沉浸在债务中？后果是什么 //120

第 11 章 **公正的社会**
　　什么是公正的社会？正义都实现了吗 //131

第 12 章 **金色的种子**
　　你了解自己的能力吗 //146

第 13 章 **未来的学校**
　　教育应该是什么样的 //159

第 14 章 **民主的挑战**
　　我们的政府有多民主？它与目标相吻合吗 //174

第 15 章 **他人的必要性**
　　他们是谁？在哪里找到他们？怎样保留他们 //189

第 16 章 **与自己的契约**
　　我们想从生活中得到什么？我们需要哪一种社会？亚里士多德是对的吗 //202

The Second Curve:
Thoughts on Reinventing Society

第 1 章

第二曲线

是什么？我们是如何发现它的

说起来，在很多方面，我肯定是一个令人气恼的丈夫，因为我总是在一切进展顺利的时候就开始换工作。当我在壳牌公司工作十年，已经做到一个小国家壳牌分公司的经理时（这是晋职更高级别的第一步），我意识到石油公司高管的生活并不适合我，我其实更适合去培训管理者而不是担任一名管理者，就像俗话说的："如果你不做，就去教别人做"。就这样，出乎壳牌公司的意料，也可以说令它失望的是，我拒绝了任命并递交了辞呈。

经过两年的重新调整和训练之后，我进入了伦敦商学院。六年后，作为一名全职教授，我收获颇丰：出版了第一本书，并且被授予终身教职（可以受雇到退休），但与此同时我发现，这也不是我一辈子想做的事，成为一名全职作家才是。为此我又花了四年的时间才终于鼓起勇气切断了我与一切组织之间联系的纽带，直到此时我才真正感觉到我成为自己，而且时机恰到好处，否则我可能得待在"戴维酒吧"度过余生了。

这些年我经常讲起"戴维酒吧"的故事，虽然酒吧已经不复存在了，但是这个故事的寓意以及启示至今仍然萦绕在我心头。当年，我驾车穿过威克洛山脉——都柏林郊外的一片光秃秃但美丽的山丘时迷路了，碰巧看见一个正在遛狗的人，于是我停车请他指给我前往阿沃卡的路（我要去的目的地)。"当然,"他说,"这很容易。你沿着山路直接向上开,然后再往下开大约一英里[一]左右,来到一条有座桥的小溪旁,小溪的另一边是戴维酒吧,你肯定不会错过的,因为它是亮红色的。这些你都记下了吗?""是的",我答道,"往上直走,然后往下,一直到戴维酒吧。""非常好,在你离戴维酒吧还有半英里的时候,向右转往山上开,那就是去往阿沃卡的路。"

在我明白这怪异的爱尔兰式指路逻辑之前,我就已经谢过他并开车离开了,直到开始讨论第二曲线的挑战时,我才发现二者有着异曲同工之妙。"离戴维酒吧还有半英里向右转往山上开",而向右转的那条通往目的地的路,人们往往会错过。我见过太多的组织,当然也包括个人,他们就像我当年要去阿沃卡一样,最后却发现自己停在了戴维酒吧,而发现时已经太晚了,因为他们已经错过了转向未来的路,只能懊悔地回首过去,借酒浇愁,追忆往昔以及或许本该拥有的美好时光。

在我的经历中,我曾一直不知不觉地沿着山路向上爬,然而每次在到达戴维酒吧前就已转向。当我把人生中的曲线画出来,这些起起落落的轨迹开始变得有意义。从那时起,这些曲线开始影响我对变化以及未来的思考。关

[一] 1英里=1.6093千米。——译者注

于S型曲线的概念，准确地讲，是一种比喻的说法，尽管从科学的角度来看，它缺乏严格的定义，在细节上也不那么精确，但能帮助我们更好地理解和看待事物（在本书中会有很多类似的情况）。

S型曲线如下图所示：

S型曲线是一个数学概念，大家在很多领域都接触过它，像"学习曲线""引领潮流"，包括许多企业在预测未来时都用S型曲线。但人们没有意识到的是，S型曲线的应用远不止于此，我们人类的一切包括生命、组织和企业，政府、帝国和联盟，各种各样的民主体系甚至民主本身，都适用于S型曲线：最开始是投入期，包括金钱方面的、教育方面的（当讨论我们的人生时），或者各种尝试和实验；在接下来的阶段中，当投入高于产出时，曲线向下；当产出比投入多时，随着产出的增长，曲线会向上，如果一切运转正常，曲线会持续向上，但到某个时刻，曲线将不可避免地达到巅峰并开始下降，这种下降通常可以被延迟，但不可逆转。

似乎一切事物都逃不开S型曲线，唯一的变数仅仅是曲线的长度。罗马帝国延续了400年，最终还是灭亡了，其他帝国的气数更短，像大英帝国。而美国未来也将如此，政府和独裁权力终究无法长久。尽管我们人类把自身的生命曲线延长到了90年甚至更长，但是对企业而言，S型曲线的长度似乎变得更短了：过去的企业在倒闭之前通常能运行40年左右，而现在企业的平均寿命仅为14年。不管过程如何，最终都逃不过消亡的命运，这真是令人沮丧。

但情况未必如此，总是会有一种第二曲线，就像下面这样：

很明显，这里存在一个非常关键的问题：第二曲线必须在第一曲线到达巅峰之前就开始增长，只有这样才能有足够的资源（金钱、时间和精力）承受在第二曲线投入期最初的下降，如果在第一曲线到达巅峰并已经掉头向下后才开始第二曲线，那无论是在纸上还是在现实中就都行不通了，因为第二曲线无法增长得足够高，除非让它大幅扭转。那么问题来了：如何判断第一曲线即将到达巅峰呢？

按常理来看，当其他条件不变时，如果一切运转正常，人们很自然地希望第一曲线将继续发展下去，有什么理由不把它现在的成功作为对未来的预期呢？然而，成功往往会蒙蔽人们的双眼，打消人们的疑虑，不断巩固原有的成功模式，只有在回顾过去的时候，人们才会发现"那就是巅峰，那就是我们本应该重新思考的时刻"，但不幸的是，这种"事后诸葛亮"都是于事无补的。

第一曲线的成功可能会让人们对潜在的新技术和新市场视而不见，从而使他人抢占先机，哈佛商学院的克莱顿·克里斯坦森（Clayton Christensen）教授将其称为"颠覆式创新问题"。比如，柯达公司忽视了数码摄影的可能性，等它回过神来为时已晚。这样的例子有很多，许多公司让外来者侵入，或者用我的话说，代替它们创造出了新的曲线。现在新技术的出现每天都在给人们创造新曲线的机会，识别并抓住这些机会是教育界、保健业、政府乃至企业面临的新的战略挑战。

但是话又说回来，当你的收入、生产率或者名望正在下降时，便很难再去考虑任何新事物。每一个经历过失业的人都会记得要重拾自信、振作精神有多么艰难，更别提进行一些有潜在风险的投资了。政府在这方面做出决策跟个人一样困难，这也就能直观地理解为什么凯恩斯主义者提出的关于走出经济衰退的投资难以被执行了——当钱本来就紧缺的时候，再加大投资是有悖常理的。当形势本就严峻的时候，再考虑第二曲线就会更困难。对企业来说，这意味着与自己竞争，甚至是取代自己现有的产品，所以应该在形势向好、衰退开始前就考虑第二曲线。

一些机构和个人确实在第一曲线下降时，为了创造第二曲线做出了巨大的努力和牺牲，因为第二曲线在初始阶段是下降的。在企业里，这意味着削减员工数量和管理费用，进行组织架构重组，甚至往往会涉及高管人员的更迭，而最为痛苦的是放弃一些原本珍爱的产品和市场。在现实中，这些伤筋动骨的事只有当企业面临被接管时才会发生，否则一定会饱受质疑。一些私募股权投资公司在对它们收购的公司进行重组时，往往会说，这些被收购的公司只有这样才能找到自己的第二曲线。

回顾我的经历，我自己是在无意识的情况下，在对的时间做了对的事情。每次我都是在自己的工作到达巅峰之前离开，然后开始新的曲线。从财务状况上看，刚开始是下降的，因为我要投资新的学习；一段时间以后，新曲线开始起飞，趋向巅峰。而且我认为对我自己而言，一条更宏大的曲线还未到来。许多人在他们的人生中也有类似的经历，从一份工作换到另一份工作，不知不觉地沿着 S 型曲线的轨迹攀登，但第二曲线的思维远远超越了个人职业生涯的范畴。

苹果公司的史蒂夫·乔布斯（Steve Jobs）据说是一个很难共事的人，但他极其精通第二曲线。在苹果公司推出的Mac电脑大获成功之后，乔布斯和他的创意团队就已经着手推出iPod并进军商业音乐界了，而当iPod占领市场的时候，乔布斯又开始设计完全不同的新产品iPhone，同样获得成功之后，又开发了iPad。每一条新曲线都是在上一条曲线达到巅峰之前就已经构想完毕；每一条新曲线都源自上一条曲线，但又指向完全不同的市场——乍一看似乎非常冒险，但对于乔布斯而言却是合乎逻辑的第二曲线。如今苹果公司的产品似乎形成了一套天衣无缝的体系，但这既不是必然的，也不是意料中的。第二曲线还能否在苹果公司延续下去？时间将会证明，因为第二曲线思维来之不易，它不仅需要理性分析，还需要想象力、直觉以及天分。然后在付诸行动的时候还需要踏足未知领域的勇气，因为你周边的一切都告诉你，其实你并不需要那样做。

在体育界，曼联足球俱乐部的传奇教练亚历克斯·弗格森（Alex Ferguson）也是如此——在当红的顶级球员还未渡过其巅峰时就开始精心挑选并推出新人，尽管这需要冒着偶尔失去一些还风头正劲的球星的风险。然而现实中，在第一曲线的缔造者之下培养未来之星总是难以让他们再参与其中。显然，破解的方式是引导第一曲线的缔造者为了自己而开始构建第二曲线，而不是等到第二曲线已经建成再行动。时机就是一切，弗格森持续的成功很大程度上归结于他在正确的时点让第二曲线发生。当然，弗格森并不知道第二曲线的概念，但如果不是运用了S型曲线的思想，他绝不可能将曼联带到足球世界之巅并保持了长达27年。正如莫里哀（Molière）笔下的茹尔丹先生（Monsieur Jourdain）发现自己讲了40年的散文而对此却一无所知一样，许多成功人士在不知道第二曲线概念的情况下完成了自我重塑和企业改造。不过回过头再来看，弗格森最终还是功亏一篑，他在曼联处于顶峰的时候辞职了，留下他的继任者去构建新的曲线，而此时曼联的第一曲线已经开始衰退。假如弗格森能够早两年离开，曼联的上升势头或许有可能为新的领头人树立信誉赢得足够的时间，并有机会开启第二曲线。

将上面的例子和我在一次本地聚会上遇到的故事相对比。当时，一名老人独自站在角落，置身于身边的聚会之外。他看起来历经沧桑，但若有所失。于是我走过去搭讪，"您在这儿生活很长时间了吗？""是的，而且我已经93岁了。""是吗？那您一定度过了精彩的一生，给我讲讲吧。"

"好吧，在我19岁的时候战争爆发了，我想要参军却被告知肺部有问题，只能去工厂工作。他们给了我两个选择：一家位于泰晤士河北岸的工厂，另一家位于南岸的工厂。因为我当时住在北边所以选择了北岸的工厂，这里也就成为接下来40年里我工作的地方。其间，我升过几次职。退休后，我就搬到了这里。"

"然后呢？"我追问道。"仅此而已了。"在沉默了很长一段时间后，他又补充说："有时候真觉得我的一生本可以做更多的事情。"

我沉思着，一段辉煌的人生随着时间的推移而趋于平淡，并最终归于沉寂，这并没有什么问题，除了还应该再发生点什么。为什么这个故事如此熟悉？为什么它会让我想起那些花大量时间拼凑一些如今看来毫无意义的简历的人们？为什么它会让我想起那么多企业和机构（确切地说，是我曾经待过的地方）？在我看来，他们中的绝大多数都没能找到通往不同未来的最佳路径，他们不是让自己变得更好，而是裹足不前，甚至是执着于过去，最终的结局就是在"戴维酒吧"借酒浇愁、追忆往昔。

毫无疑问，不管是在生活中还是在组织机构的发展中，人们对第二曲线的思考和实践都还太少。有时候，它

第1章 第二曲线

需要一些因素来触发。在企业里，当利润率下降或市场份额减少时，大家才会意识到新观念的必要性。运动员通常在早期阶段就知道年龄将限制自己的发展了，所以在自己依然声名远播的时候就开始规划新的职业生涯了。维冈橄榄球联盟俱乐部的经理曾经和我说过，他最大的难题是说服一名25岁年轻力壮的运动员在其体能巅峰的时候，必须用三四年的时间重新学习，以开始另外一种生活。

退休、被裁员或离婚也许是某些人开始第二曲线的触发因素，尽管当这些发生的时候再来处理已经有些晚了。有时候，触发因素是成功之后的无趣，因为事情都完成了也就不再有吸引力了。古典音乐家安德烈·普列文（André Previn）年轻时在好莱坞为电影配乐，收获了巨大的成功，但他放弃所有这些来到英国，专注于演奏和指挥。对此，他说："有天早上醒来，我发现自己对当天要做的事情竟毫无感觉，我就知道是时候离开了。"

被收购的威胁可能是企业开始第二曲线的触发因素，在反对党执政期间，对政治家而言相当于休假，同时也可以视作开始思考第二曲线的诱因。任何把我们拉离舒适区的事情都在提示我们，习以为常的过去可能无法保证我们美好的未来。在我看来，高级管理者的休假或者临时借调到不同的国家，应该更频繁一些。就像约翰逊博士曾经说的，当你置身其外时，你才能把自己的国家看得更清楚。尤其对机构而言，它们不想就此灭亡，视存在为其迎难而上的职责。美国管理学者和作家吉姆·柯林斯（Jim Collins）曾经列出了机构组织衰落的五个阶段，也就是我所说的第一曲线的下滑，克里斯坦森教授称之为"技术滑坡"。衰落的五个阶段是：成功之后骄傲自大，达到巅峰时无节制地好大喜功，紧接着否认存在风险，然后徒劳地病急乱投医，最后甘于沉沦或者一命呜呼。我看过太多的机构和组织沿着吉姆·柯林斯指出的这五个阶段衰落，当然它们会尝试使用更多方式来挽救自己，不过昂贵的代价却是它们不愿承担的，这会让它们更无暇考虑新事物。

在本书中，我会建议在很多传统的做事方法中加入第二曲线的思维——资本、经济及其衡量方式、教育、工作及其组织方式、婚姻与家庭、民主和政权。在这些领域详细探讨下一条曲线既不是我的目的，又不是我所擅长的。这些事只能交给目前第一曲线的掌舵者或者准备开始第二曲线的人。我的初衷仅仅是挑战、质疑或者偶尔建议、激发。我希望自己的子孙能生活在一个更好的、焕然一新的世界中。如果我的建议看起来是离谱、欠考虑甚至是危险的，那就更好了。如果本书中的观点能在同事和朋友中引起争论，或者本书成为某些人思考第二曲线的触发因素，

第1章 第二曲线

那我倍感欣慰。就像爱尔兰人常说的:"在听到自己的话之前,我怎么知道自己是怎么想的?"

首先考虑以下内容:

2007~2010年的经济危机不仅破坏了全球经济,更使得许多人开始重新考虑自己人生中的优先级,该如何生活以及为什么而生活。组织,特别是商业组织开始重新审视它们的假设,考虑在这样一个不确定的世界里是否还应该如此重视企业的规模。一些规模很大的企业不能倒闭,因为如果倒闭了,就会对其他组织造成伤害。如果企业把目标定位为做强而不是做大会不会更明智呢?如果规模经济如此重要,那是否有必要拥有一切?如果市场被非竞争性的联盟团体所取代,会不会更经济?如果是的话,那么这些团队该如何进行管理和监控?

金钱变得过于强大了吗?如果 Facebook 能自己筹集到 190 亿美元去收购一个潜在的竞争对手,如果谷歌能用自己的财富将所有的人工智能专家一网打尽,我们是否看到了一个现代版推行反托拉斯的"泰迪·罗斯福"⊖的必要性?在这个新的数字化世界里,金钱是不是价值的真实反映?在某些本该民主的领域,是否可以允许用金钱来影

⊖ Teddy Roosevelt,西奥多·罗斯福(Theodore Roosevelt),美国第 26 任总统,昵称泰迪。——译者注

响选民？但如果不允许，那些政治竞选又该如何获得资助呢？在这个新时代遇到的新问题，老办法已经无能为力了。

现代的年轻人可能坐在宽敞的场所里，不情愿地把他们的才智和时间提前卖给没有灵魂的企业。假定这些机构仍急需这些年轻人的才智，他们将如何与这些年轻人打交道？社会应该怎样让这些年轻人为自给自足做好准备？学校之类的机构本身能教会人们如何在机构之外生存吗？家庭仍然是社会的基石还是会加速社会的碎片化，形成松散的联合？电子邮件、Skype、Facebook、微博能替代实体连接吗？你真的能信任一个从未见过，甚至永远也不会见面的人吗？

这样的疑问数不胜数。是什么让社会凝聚在一起？我们是否会分裂成宗教或种族的聚集区，还是说我们会找到比战争或经济繁荣更好的方法来建造一个团结的国家？比起这所有的疑问，更为重大的是那古老的哲学难题：作为一个个体，作为一个社会，我们究竟是为了什么而奋斗？利己主义对于经济增长而言是必要的吗？还是我们可以找到更好的衡量成功的方式？利他主义或者亚当·斯密所说的同情心，是我们本性的一部分还是必须通过后天习得？

新的想法不是权威人士的特权，他们通常太执着于自己习惯的方式，太执着于第一曲线，而忽略了其他可能的方式。新想法必须从我们自身开始，我确信我们每一个人都会为我们自己、我们周围的人特别是家人、我们所属的机构、我们生活的地区，甚至我们所属的国家带来一些改变。我们的缺点就是太谦虚，太过于相信掌权者最了解社会状况这一点。我曾经也这么认为，直到我执教过一些掌权者之后才发现，他们绝大多数也和我们一样平常。如果我们想要创造一个更好的社会，那就必须从自己开始，从我们的生活开始。第二曲线给我们提供了一个弥补第一曲线的不足的机会，从而挽回局面，表明我们已经从过去的经历中吸取了教训，从而能创造一个更好的未来。

The Second Curve:
Thoughts on Reinventing Society

第 2 章

DIY 社会

技术改变了世界吗？是变好了还是变坏了

第 2 章　DIY 社会

公元 1450 年左右，金匠约翰内斯·古登堡（Johannes Gutenberg）经过多年的钻研发明了金属活字印刷术，相比手工一天只能抄写寥寥数页，靠这项技术，一台印刷机每天能够印刷 3600 页。在接下来几十年的时间里，全欧洲人都能够在自己家里读到本国语言书写的经典或者其他作品，这一简单的现象改变了社会结构，人们不再只是通过神父或者当权者这些具有阅读条件的人来获取信息，而是可以创造自己的思想。古登堡的初衷只是为自己的小生意开辟第二曲线，并不是试图改造社会，但结果却是所有的后辈都能够享受这项新技术带给他们的思想的新自由。

正如约翰·诺顿（John Naughton）在《从古登堡到扎克伯格》(*From Gutenberg to Zuckerberg*) 一书中谈道的，古登堡的发明不仅动摇了教会的权威，同时触发了一次宗教改革，促成了现代科学的萌芽，创造了全新的社会阶层和职业，甚至改变了我们将童年视为人一生中一个受保护的阶段的概念。似乎很难想象在美因茨㊀的一项新技术发明最终能够带来如此大的变化，但是很多人感到，他们赖以生存的基础被冲刷殆尽了，改变从来都不被这些当权者所欢迎。

500 年后，相似的一幕又上演了。互联网最开始是作为美国国防部改善内部沟通的一种媒介，算是本地化的第

㊀ 德国西部城市，古登堡的出生地。——译者注

二曲线。而万维网首次被尝试使用是被位于瑞士的欧洲粒子物理研究所（CERN）用来建立内部电话簿，但它的创始人蒂姆·伯纳斯-李（Tim Berners-Lee，被称作"现代古登堡"）却对其抱有更大的雄心，即使他的同事告知他取这样一个名字也肯定不会流行起来。对蒂姆来说，互联网是一种与世界连接的方式，它给予世界上任何地方的任何一个人分享和选择的自由。在蒂姆的设想中，互联网必须是免费的，也被蒂姆视为是自己送给这个充满怀疑的世界的一份礼物。而令人吃惊的是，从互联网诞生至今不过25年的时间，技术扩散的速度却远远超过了15世纪，然而困境与挑战却依然如故。

就像古登堡的发明那样，计算机、随之而来的互联网及其衍生品带给了我们自由，但是自由也带来了后果，其中之一就是商业和社会结构之间的秩序产生了混乱，因为每个个体都可以绕过组织使用这种新自由，使组织陷于困境，就像被一条新路绕开的城镇一样。1992年，我受邀在英国书商协会的年会上演讲。彼时，各书商正在担忧美国连锁书店巨头鲍德斯（Borders）拟进入英国市场。我告诉他们，真正的敌人并不是另一家书店而是网络，一个对身在计算机世界之外的人们还很陌生的概念。网络而非其他书商将是最大的敌人，这个观点在当时的会议上听上去就像科幻小说，而历史很快将其变成了现实。在网络上，最开始是亚马逊，然后很快出现了许多其他网站，使得个人绕过了传统的商业渠道，让传统书商在生死边缘挣扎。中间环节正在消失，随之而来的是许多工作岗位和生活方式的消亡。这个案例也预示着许多行业的变革并非来自行业内，而是来自完全不同的领域，甚至是令人出乎意料的地方。如果你身处某个行业领域并规划着它的未来，那么这种情况是很可怕的。

同时，计算机取代了许多人类（代理人）手中的常规任务，包括曾经是许多中层经理工作职责之一的检验的角色，这让许多组织无能为力。计算机的复杂性不断增加，再加上其更强大的处理能力，使得它们能够比人类更快、更准确地去分析所谓的"大数据"。现在的计算机可以在安全防护系统中发现入侵者，比任何一位人类专家更有效地甄别欺诈或诊断疾病。法律事务所中大部分单调沉闷的苦差事都可以由计算机完成。公共领域的大量工作是常规性的，亟须计算机化。牛津大学的研究者认为，在未来20年内，当今47%的工作都将被计算机所取代；麦肯锡全球研究所认为，仅在未来10年中，就将有2.5亿个工作岗位被取代。当然，在你看到本书时，这些数字也很可能过时了。

什么将会取代这 2.5 亿个工作岗位呢？柯达公司在其巅峰时期曾雇佣了 14.5 万名员工，Facebook 作为柯达公司的替代者，只雇佣了 6000 名员工。而 Instagram 在被 Facebook 以大约 10 亿美元收购的时候，仅仅只有 13 名员工。两年后，Facebook 花费 190 亿美元收购了仅有 55 名雇员却拥有 50 万名用户，并且用户数还在不断增加的 Whats app。之前的技术发展也会带来工作的转换，原有的工作很快会被新的工作所取代，比如纺织厂的女工可以被重新培训为打字员，从工厂换到办公室上班。但这一次新工作不但与之前完全不同，而且其中大部分在原先甚至都不存在，那时我们将如何做？

这是个坏消息，而且听上去并不会给人带来自由，但好消息是，现在每个人都拥有了可以绕过中间环节主宰自己生活的能力，DIY（do-it-yourself）经济正在逐渐成型。我们不仅可以在网络上购买书籍，只要我们愿意写，还可以出版自己的著作。我们再也不用去附近的实体银行，甚至可以通过一个众筹平台创立自己的银行，Kickstarter 就是这样一个知名的众筹平台，成立于 2009 年，2012 年在英国上线。如果你愿意承受风险，甚至可以自己发行货币。比特币、点点币和质数币等互联网货币已经出现，它们的数量都是确定的，其价值随着需求而变化。当然，这其中的风险也早已超过了比特币早期的交易。

人们现在也无须离开家去上大学了。借助顶尖大学提供的免费网络在线课程，结合虚拟视频练习，如果你足够勤奋，就能获得自己的学位。英国开放大学长久以来已经证实了，对于远程教育，只要严格把关就能运转良好。也就是说，你也可以在自己选择的科目领域创立自己的学院，设计学习材料，将其在网络上推广和发布。我的妻子曾经通过网络为一些幸运的学生设计并传授自己的摄影课程。你可以通过 Apple Watch 监测自身的健康状况、诊断疾病，当然想看时间也可以。你几乎可以免费下载自己喜欢的音乐，也可以让你自己创作的音乐为他人所知，当然这些也几乎不需要费用。或者你可以通过 Airbnb 出租自己空余的房间，变成旅馆老板。拍卖网站 eBay 创造了成千上万的虚拟商贩，他们通过网站购买和售卖商品。

在任何事物上，你既可以是买家，也可以是卖家。只要你愿意，甚至都可以编写自己的电脑游戏。你可以出售你车里的一个座位、家里的一顿饭、家门外的一个停车位、自行车的租赁权，甚至是与你自己家宠物狗相处的时间，以及其他在这个新的"共享经济"里的各种服务。这种新局面只是消除中间环节的又一个佐证而已，让每个人都能越过这些服务的传统供应商，在网上自己完成，这对一些人来说是巨大的商机。截至2014年4月，Airbnb被投资者估值100亿美元，比凯悦酒店和洲际酒店集团还要高。2013年，每名房主通过出租自己的房间平均获利7530美元。由于起步的成本很低，再加上有互联网，因此大量新的电商企业开始涌现，尽管时间将会证明其中的大部分注定是要失败的。时间证明一切，即使这些新兴企业成功了，它们能否创造大量的工作机会也还是个未知数，因为这其中的大部分企业是为了兴趣或挣些零花钱。

感受到了这些变化，一些在这种"租赁而非拥有"的新理念中有可能被越过的供应商们也开始跟着改变。家得宝公司（Home Depot）在出售工具的同时也开始租赁工具；戴姆勒公司（德国汽车制造商）开始按分钟租赁Smart汽车；通用汽车已经投资了一家汽车共享服务公司——Relay Rides。在伦敦，不断飙升的房价让许多人选择了做租客而非业主。当拥有已经变得太昂贵、太繁重、太困难，租赁是不是一种新曲线的开始？租赁经济是不是第二曲线的组成部分？想想看，租赁带来了灵活性，当你几乎可以租赁任何事物，在用完之后就放开时，为什么还要将自己绑定在固定资产上呢？

无论是否喜欢，我们都正在步入DIY经济。很多年前，当我还在壳牌国际市场部工作时，我参与了一场讨论，

第 2 章 DIY 社会

主题是在壳牌加油站引进一种顾客自助服务的新型加油泵的可能性，我是在场资历最浅的。直到那时候，还是需要服务员来为司机加满油箱。一些人说："这绝对不可能被接受，没有人想让自己满手油污。""我们可以给一个大折扣啊！"另一些人说。他们都错了，人们喜爱这款新的加油泵，因为无须再像过去那样等待服务员给前面的车加满油，或者不得不和服务员聊天甚至给他们小费了。我们成功地将加油这项工作外包给了顾客。当然，超市很早以前就实现了这些，其他领域也很快效仿了。联邦快递（Fedex）让顾客自己填写文件，航空公司希望顾客自己打印登机牌，使用自己的而不是航空公司的油墨和纸张。如果不照做，瑞安航空公司（Ryanair）甚至会对你罚款。我们被供货商利用，但其实还乐在其中，因为这让我们拿回了控制权。

这不仅让我们能掌控自己的事情，还能省钱。你可以成为自己的代理律师来准备自己的离婚文件，管理自己的房屋出售，在小额索赔法庭自己打官司，大多数时候我们都很享受这种感觉。因此，我们期待这种外包变得更多。现在，越来越多的人被要求变成自己的医生和护士，来为自己的健康负责。约克郡山谷边缘的艾尔代综合医院（Airedale General Hospital）为超过 700 平方英里⊖的 20 万

⊖ 1 平方英里 =2.59 平方千米。——译者注

居民服务，其中很多人都居住在偏远地区，然而这家医院成功地通过远程医疗实现了24/7全天候的即时医疗救助。那些患有心脏病和呼吸系统疾病的患者家里安装了与安全网络相连接的网络摄影机和iPad，只要患者不离开房间，监测器可以让他们自助监测氧气水平。这很受病人欢迎，因为这能让他们处于监控当中，而且节省了大量的开支。在使用这一方案的人群中，急诊率下降了60%，住院率下降了45%。

现在，这项技术还能够在快要心衰时发出警示，测量心率和呼吸，甚至测量步行速度和距离以及肥胖程度，这样，采取必要的医疗措施或者联系医生的责任回归到了个人身上，而这些通过Skype或者一个手机App就能实现。全部DIY的一个弊端是掌控就意味着责任，当出现问题的时候很可能就要自己来担责。正如我在前言中阐述的，自我责任将会成为未来新兴社会的一个特征。很多人会对此感到不舒服，因为在他们成长的经历中，社会为个人安全和福利承担了更多责任，我们总是理所当然地认为出现任何问题都是其他人或者其他事物的责任。而在DIY社会里完全相反，除了自己之外将无人被质疑。无论你认为这是一件好事还是坏事，这对很多人来说毫无疑问都是令人震惊的，我们将逐渐从一个依赖性社会、一个面面俱到的福利国家转向一个更独立的社会。比如，我们将为自己的财务计划承担更多的责任。我从来没有考虑过自己的养老保险，等意识到时为时已晚。幸运的是，我的前两任雇主已经以我的名义为我缴纳了。但这种情况对大多数人而言是不可能的，除非人们要求雇主这样做。政府也无力去收拾残局。我们将不得不负责自己的财务未来。对很多人来说，那将是一条全新的曲线。

当我年轻时经济上捉襟见肘，我就自己DIY，因为它能够省钱，而自己的劳动也不值钱。我自己粉刷房子、种蔬菜，修理损坏的门和篱笆。这些活并不都是高质量完成的，甚至有的被完成得很难堪，但那是我的责任，而且我得住在那儿，我告诉自己这至少没花什么钱。我常告诫自己，尽管经济条件差，但我们或多或少还能自给自足，这是令人欣慰的。工业革命早期造成的一个结果就是很多家庭不得不搬到距离上班的工厂比较近的城镇，因为新工作在那里。从自己的土地上搬走意味着他们再也无法像过去那样自给自足了，他们的财富增长跟不上，因此尽管他们的工资上涨了，但是贫困程度却加剧了。

随着时光的流逝，我们年纪变大了，条件稍微好转，就开始雇用别人来做那些过去自己亲自做的工作。曾经一度我们践行着那句老话——雇用工匠，在他们没有达标时责罚他们，这是有钱人的职责。尽管工作完成得更好，国家GDP也上升了一个档次，但这算不上好。事实上，这些正是发达国家发展经济的方法，把劳动从家庭中抽离出来融入到正规经济中，让人们为了钱而去替别人干原本是自己干的活儿，不管是家庭维修、儿童保育、老人护理、做饭和清洁、汽车维修、理财还是娱乐。

现在，借助科技的力量，很多劳动又重新回归到家庭中。高科技DIY是资本密集型的，平板电视、监测儿童的精密系统、清洁机器人等诸如此类，虽然都需要花钱，但它们确实让家居生活不再乏味。之前科技革命的结果将会逆转，雇员将会减少，尤其是在家政服务领域。生产资料领域可能会有所增长，尽管大多数是进口的。更多的人将回归家庭，而不是离开自己生活的地方。家庭将会不断变为工作中心，因为我们将开始开发DIY市场和共享经济的所有机会。但令人担忧的是除了通过手机和电脑屏幕外，我们与其他人打交道的机会会更少，即使我们在一些组织里工作也无法避免。这就是我在下一章将要研究的DIY第二曲线的走势，因为不管喜欢与否，我们都将不得不沿着这条曲线寻找出路。幸运的是，受其影响最多的积极进取的后来人对此充满热情，因此未来应该很美好。

The Second Curve:
Thoughts on Reinventing Society

第 3 章

新的颠覆

信息革命将如何改变你的生活

我妻子的第一本摄影集记录的是我们居住的乡村，一个世纪前和现在的房舍、居民。她把摄影集命名为《风景背后》(Behind the View)，因为她想展示的是100年过去了，外在的景色并没有太大的改变，但实际上风景背后已经发生了很多变化。从我们住的农舍望出去，那些农场还跟以前一样，但农场主自己并不耕种，而是把土地承包出去了。古老村庄的房屋和农舍还是那样，没有什么变化，仍然叫"白杨农场"或"农场小屋"，变化在于在那里居住的人们和人们干的事情。100年前，村子里的700个村民都在田间耕作，或做与土地相关的事，我们的农舍曾经住着两位农场工人和他们的家人，今天却成了一位作家和一位摄影师的家。现在村庄里只有两位农场主，农场工人已经没有了，人们开始通勤到外地工作或在家办公。今天的村庄仍然是700个村民的家，看起来似乎一如往常，但在表象背后大不相同。

回首过去，这真是一场颠覆性的变革。50年前没有人能想象村庄会发生多大的变化，以及如何变化。积极的一面是村庄保存了下来，甚至还更兴盛。人们适应了，最终总是这样的。然而，在这个过程中，他们赖以生存的工作、养家糊口的方式将会改变，就像农场工人的房子让位给作家居住了一样。现在我们置身于新的颠覆中，风景和村舍或许看起来还是原来的模样，但是新的工作模式将是我们无法预知的。

2011年，未来学家托马斯·弗雷（Thomas Frey）尝试着列出了当时不存在但会在未来出现的工作，包括垃圾数据管理师（负责整理我们的数据库）、城市农学家、头像设计师、隐私管理员、纳米医生和器官经纪人（在全球寻找可移植器官）。弗雷共计列出了55个未来30年可能出现的新工作，其中一些，比如替代货币银行家已经存在，而其他新工作也会相继出现，即使它们并不完全与弗雷预测的吻合。然而值得注意的是，弗雷列举的未来新工作中的绝大多数都可以由个人独自完成，这些新职业者不再需要依靠大公司来完成服务，尽管他们可能在大公司里或从旁工作。

我们需要关注的不仅仅是出现的新工作。牛津大学哲学和伦理系教授卢西亚诺·弗洛里迪（Luciano Floridi）提出了"信息空间"（infosphere）的概念，也被其他人称作"信息革命"。受此影响，未来我们的整个工作和生活模式都将发生变化。这是社会的主流新曲线，它的全部影响将逐渐被我们所理解，而我们除了搭乘新曲线之外别无选择。最终，我们有信心像过去那样适应并生存下来。回顾60年前的爱尔兰农村，那时信息匮乏、通信困难，我们的电话号码在克兰6区（Clane 6），这意味着没有多少人使用电话，也没有多少人打给我们。当时没有电视，只有断续的无线电信号，汽油昂贵，汽车也很少，大部分人仍然驾着马车或者骑自行车。我感觉那时我们似乎还生活在简·奥斯汀（Jane Austen）描述的一个自给自足的小世界里。说得委婉些，就是单调乏味。

  经过两代人的发展之后，我不再抱怨无聊了，我发现自己已经徜徉在信息的海洋中，几乎有无限的可能性让我们跟任何想联系的人沟通，当然有时也包括我们不想联系的人。所有记录下来的知识都在等待被获取，甚至包括很多本该保密的东西。每个人都有可能知道任何事情，与任何人取得联系。谷歌和维基百科（Wikipedia）是我们遇到新问题时的第一选择，推特把我和最信赖的朋友联系在一起。我没有任何理由去忽略这些，其他人也一样。每个人都能知道我所知道的，通常也包括我所想的，唯一匮乏的是时间。新的未来既令人兴奋，又令人畏惧。令人畏惧是因为信息对所有人都公开，这使得权力重新分配，互联网取代了层级，使政治超越了政客，把打工仔变成了自由个体。令人兴奋是因为它打开了更多连接，削弱了边界，鼓励探索精神和主动性。当信息的获取是受限制的时候，它曾是组织中权力的来源，只为获许的人所用，但当所有的信息都可能是公开的，秘密不复存在的时候，权力和权威也将消亡，这将破坏组织的结构。当所有的秘密都不再安全时，各种关系也将如此。

或许最终这将会是最好的结果，公开秘密可以增加信任。我记得曾经有个组织做过一个实验，要求每个人估算其他同事的工资，结果每个人估算的其他人的工资都比实际的要高，所以他们决定把所有的工资公开，以消除任何可能的愤懑。这种开放性将组织放开了，就像古腾堡时代牧师的权力随着《圣经》流通到大众手中后就消失了那样，宗教最终归属于人民，而不是牧师。然而让牧师放弃权力并不容易，而是经过了一番斗争，现代的信息管理者也将如此。宗教试图通过宗教裁判重新建立控制。爱德华·斯诺登（Edward Snowden）和其他黑客已经证明了，再也没有什么真正的秘密了；但当权者也在反击，虽然这很可能是徒劳的。当然，当秘密被公开的时候，结果通常并不像每个人期待的那样有爆炸性，公开透明并不总是像看上去那么有风险。

另外，信息空间给予我们的自由也是充满困惑和挑战的。当我阅读一封电子邮件或上推特时，如果我不认识作者，我就不知道他在哪儿，甚至不知道是男是女，还是一个团体。匿名是恶棍的保护罩，也是冒险者的武器。现在我们可以成为我们喜欢的人，与我们向往的人通信，探索我们想去的地方。但如果我们尝试得太过自由或者过多地分享自己的私人空间，也存在潜在的危险。毫无疑问，弗洛里迪教授的工作内容也包括信息伦理学的研究，因为在我们步入的这个"对任何人开放"（free-for-all）的世界里，对和错需要重新定义。当权威失去了力量，自我负责变得更为重要。当没有人告诉我们应该做什么的时候，对于我们为何存在以及我们如何生存的探寻显得比任何时候都必要，而这将是我在本书最后一章中探讨的内容。

就像所有的社会变革一样，回过头来审视比身在其中更容易辨明它们及其产生的影响。19世纪的工业革命直到一切都就位很久之后才获得了现在的命名。可以肯定的是，伴随着新技术而来的社会变革几乎将要重现了。过去的权力结构退位，新的权力结构开始崭露头角，但是新的权力结构还需要时间去承担起它们的责任。随着人们适应新技术、新领域和新的工作类型，生产率会暂时下降一段时间，这个现象也就是由经济学家罗伯特·索洛（Robert Solow）首先发现的"索洛效应"（Solow effect）。这些情况已经在大部分的发达社会中出现了。工作被切分成更小的单元，最开始的生产效率比较低，需要时间来调整并提高。可以肯定的是，传统的解决问题的方法已经不再适用。大多数组织的传统结构很快就会被发现将无用武之地。

就像弗雷的新工作列表所证实的那样，社会变革在带来新机会的同时也带来了各种问题。然而更值得关注的情况是，在变革的早期，这些新机会并太不容易吸引那些在传统秩序中逐渐消失的中间层，而更容易被"新人"获得，尤其是那些学习了必要的新技术并且希望成长的年轻人。同时，在新技术可以提供帮助却还没有完全取代原有技术的领域，大部分工作还将留给现有的劳动者。对于新工作而言，创造力是关键，用心对待也是必要的，这不仅体现在护理、卫生保健、社会工作和老年人看护方面，在表演艺术、旅游、娱乐方面也是如此。据估计，到2020年英国在社会护理方面将新增270万个的工作需求。令人欣慰的是，现在已经有7.2万人被接受进入这一领域学习，其中大多数已经开始上手工作了。这里面临的挑战是如何更充分地利用新技术。在大多数情况下，每个职业中出现的困难和阻力都将促使它们创造出一条第二曲线。

当然，在建筑与管理、广告和市场营销、教育与指导、咨询和仲裁、瑜伽或冥想、手工艺和设计等情感商业领域，仍然会有工作机会。未来依然会有商店、房产中介、旅行社，在大型购物中心依然会有品牌折扣店（outlets），因为网络经销商意识到，通常情况下仍然需要与网站互补的实体店铺。即使最后的购买是在网上完成的，人们还是喜欢在买衣服之前试穿一下，看一看洗碗机的实物，当面见见旅行经纪公司。汽车仍将被制造，油井仍将被勘探，庄稼仍将被栽种并收获，药片仍将被生产和包装，但是在每一项活动中的信息组件将会是起决定作用的关键。同样，虽然电脑和机器人能完成大部分的常规性工作和体力活，但处理关系的能力、管理技能以及技术能力仍将是不可或缺的，因为它们是为大脑和手指工作的，而不是为肌肉。

　　一些人最担心的是"信息空间"可能替我们做许多选择和决策，甚至不需要我们说，也不需要我们的知识，这将使得计算机成为我们的主宰而不是奴隶。当量子计算成为现实的时候，将把人们从很多工作中解放出来，它能够以极快的速度计算大数据包，提供最快捷、最简便、最廉价的方法来分析我们自身的状况、实时管控交通和配电系统，甚至帮助汽车无人驾驶。我们的生活将越来越多地被那些不被注意到的演算法和数学公式所掌控。看不见的电脑已经在监控我们自己都没有发觉的偏好和趋势，了解更多只有我们自己才知道的内容，决定着我们的菜篮子、新衣柜甚至是偏好的合作伙伴。我们当然可以推翻它们的选择，但是当时间紧迫的时候，我们通常就会听从亚马逊推荐的选择，主要的原因是，惰性将成为电脑的好伙伴。

情况或将变得更加险恶。埋在地下的光缆可以用来监测 10 英尺㊀范围内的细微运动。很多人都不知道，我们的行动既可以被相机记录，又可以被这些看不见的光缆追踪。移动电话其实是我们口袋里的高性能计算机，记录了我们的一切信息，包括所说的、所写的、发给了谁和从谁那儿收到的。法律既试图保护我们的隐私，但又对这些我们不知道的入侵进行授权。这难道意味着新技术带给我们的新自由要以丧失对生活的一些控制作为代价吗？世界上还会有秘密存在吗？算法的社会已经到来了吗？

我们有意识地让渡了部分自由，愉快地生活在一个直接借记付款的社会里，除非我们足够警觉，否则存款从账户被划走可能我们都不知道。由于没有修改密码，我的邮箱曾经被黑客入侵，所有的通信内容都被窃取了。我的银行收到指令给我从来都没听过的一些账户汇了几千英镑。因为一时大意将信用卡交给一名服务员让他拿走去结账，后来却发现第二天我竟然买了一台昂贵的平板电视。现在这些经历已经见怪不怪了，身份盗用对我的父母来说是一个陌生的词汇，电脑也是一样。我们因互联网带来的新事物而兴奋，抢先安装停车、寻找丢失钥匙的各类

㊀ 1 英尺 =0.3048 米。——译者注

App。互联网功能家居可以实现在家安装一个接收装置，无须钥匙，用手机就可以开门。如果不被其他人掌控手机，这简直就是电子设备的天堂。每一条第二曲线都会带来它自己的学习曲线，直到我们最终弄清楚如何处理第二曲线带来的影响。

社交媒体的传播让许多关系更充实。30多年前，当我们十几岁的孩子出国周游世界时，我们之间会有好几个星期失去联系。幸好在他们回来之后，我们会听到他们讲述惊心动魄的冒险经历。现在，即使他们身处遥远的丛林深处，依然能够与家人保持即时联系，但是，这仍然存在缺点和阴暗面。社会媒体创造了一个被一些人称为"不满自恋"（dissatisfied narcissism）的现象，我们不断寻找一种难以捉摸的完美，就像一次性把所有的衣服都穿上一样。社会媒体没有意识到尊重和担当，没有真正意识到责任，也没有意识到这些对其他人的影响。现在正在发生的一切成了主导，我们的优先序被偏移，长期的影响被忽视。如果我们不小心，这个充满即时消息，同时多视角地供应数据却不经分析的世界，将会变成一个肤浅的、以自我为中心的世界，一个没有人能集中精力或时间去关注哪怕是一段文字的"推特"世界。活在当下固然很好，但如果我们没能通过"棉花糖测试"（Marshmallow Test），我们将愧对

第3章　新的颠覆

自己的未来。

约 50 年前，自我控制领域的一位顶尖教授沃特·米歇尔（Walter Mischel）设计了"棉花糖测试"。在一个空房间里，他给参加实验的孩子一个选择：立刻就吃一块棉花糖，或者等一小会儿可以得到两块棉花糖。这是一项关于延迟满足的实验。在跟踪研究了这些参与实验的孩子长大后的生活后，他确信：延迟满足对于获得成功的人生、更好地履行社会功能，以及感知更大的自我价值的实现至关重要。如果米歇尔教授的观点正确，那么这个即时交流的世界正在危及我们年轻人的未来。我将在第 15 章中进一步探讨，我们以及年轻人，都要小心。

我们也必须对信息空间带来的缺点提高警惕，它为共谋和集会提供了便利，不管是合法也好、非法也好。网络欺凌、儿童色情、色情短信和钓鱼网站，在几年前还都是新兴词汇，而新兴词汇也意味着新的危险。有人认为，任何试图控制犯罪者的尝试都将是徒劳的，他们总会领先一步，所以还是要靠我们自己多加小心。而更凶险但容易被忽略的是大企业对"网络交通"的逐步控制。尽管最初有成千上万家公司在生产网络传输的内容，但是现在仅 30 多家大企业就控制了美国半数的"网络交通"，而且数量一直在减少。大象又一次踩在了跳蚤上，这当然阻止不了我们为了自己的目的去使用网络，但我们越来越发现自己被那30家大企业的"信息娱乐"（infotainment）洪流所引诱。与我们原本期待的成为创新的生力军背道而驰的是，我们越来越依赖并享受Netflix、YouTube、Google、Facebook、Twitter以及它们的衍生产品所提供的服务，这样一来互联网将把我们变成了电视迷而不是企业家。那不是我们所要驾驭的第二曲线。

有时候，就像许多老古董一样，我渴望回到从小成长的简·奥斯汀所描绘的简单的世界，尽管那里发展非常缓慢，还有诸多不便。我写第一本书时，先是手写在底稿上，费力地划去一些内容，再在空白处插入新的内容，最后把写完的潦草手稿给我的妻子，让她在便携式打字机上打出来，因为那时没人认为像我那样接受了高层次教育的人应该自己打字。那样的书会更好，因为我会更小心，毕竟那时没有剪切—粘贴功能，也没有简单的方法去修改错误。或许复古的反弹正在兴起，摩托罗拉生产了一款极简主义的手机，除了打电话和发信息外，没有其他功能。一些组织正在推行无电子邮件日。或许我们很快也会有像"热点"一样的"酷点"（cool spot），任何电子设备在那儿都无法工作。或许我们可能改变即使围桌而坐也要互相发短信的习惯，转而开始重新彼此交谈。冥想会流行起来，我的每一天都是从半小时的户外步行冥想开始的，它让我在沉浸于忙碌之前保持头脑清晰。

信息空间是一条既不是我们创造又不是我们计划的第二曲线，但它带来的后果我们无法避免。第二曲线不仅改变了产品和流程，还改变了关系、组织和政治。唯一确定的是，我们的后辈将工作和生活在一个与我知道的完全不同的世界里，其中的组织和生活的选择将大相径庭。至于他们是否会生活得更好，那就是另一个问题了。

The Second Curve:
Thoughts on Reinventing Society

第 4 章

工作场所

是什么？在哪里？和谁一起？如何工作

第4章 工作场所

我们必须认真考虑有一天当大部分工厂（如果那时候还是叫这个名字的话）的员工主要是机器人，呼叫中心使用的是通话计算机，当汽车、货车和火车越来越多地普及无人驾驶，当烹饪完全自动化，在餐厅点餐时是由机器人把菜单送到桌边，当大部分的购物是在线上完成，娱乐节目是在客厅或卧室里随时调看，我们的生活基本上被算法和电脑控制系统所安排了。有些人说这将是个人类为机器服务的世界，而不是相反。科幻小说里的情节成为了现实。新的服务人员，更贴切地说是技术人员，将需要掌握高度熟练的技术。但另外，人数会少很多。

对此，我并不那么相信。计算机和互联网或许会减少一些生活中单调乏味的工作，但我们人类不会轻易地把生活交给机器，听任其摆布，尤其是当有一天这些机器能够自己思考的时候。人们将一直聚集在一起创造新事物，获取权力或影响力，赚取金钱或帮助照顾他人，这些事情是机器所不能做的。当人们寻求一起做事情的时候，总是会有充满冲突和令人激动的组织或工作场所出现。工作场所看起来可能会不一样，其组织和安排方式也会不一样，但总会存在某种形式的组织。无论如何，组织仅仅是把人们连接起来的方式，而现在除了面对面接触以外，还有许多其他的方式让人们连接，因此我们将会看到组织在物理形态方面上的快速变化。一直以来让我感到奇怪的是，人们从地铁站像潮水一样涌出来，来到他们小匣子似的工位里，通过电子邮件、电话、短信等方式与一些坐在其他工位里的相似的人群交流，而这些是他们可以在家里或当地的工作点就可以做到的。

  人们为什么这样做？办公室都很贵，而且大部分不仅在晚上就空了，即使在白天，当人们外出与客户或供应商洽谈或者在会议室开会时，办公室也是空的。为了节约空间，办公室开始变得像伦敦俱乐部一样，可以用来聚会、聚餐，一些空间被用来举办活动，只有少数重要的人物会有自己的空间。为了吸引人们进来，这些新的企业会所设计得很时尚，甚至很豪华，配置了最新的通信设备和显示设备以及餐厅风格的食物。这背后的逻辑是人们确实需要时不时地进行面对面的相互碰撞，从而出现意外之缘和共享的文化。不期而遇这种情况再也不会在复印机或饮水机周边出现了，因为它们都随着办公室消失了，那就让它们发生在俱乐部的会议室里。机缘巧合很重要，因为这是一种凝聚力，但就像一位高管告诉我的，这并不会每天都发生。那为何不把它固定在每周中间那三天呢？

  一些人反对这样的趋势，一方面是因为他们认为不可能有太多的机缘巧合，另一方面则是因为俱乐部概念中涉

第4章 工作场所

及的办公桌轮用制（hot-desking）并不受那些仍然把办公室当家看的人的欢迎，他们想把自己的个人空间用熟悉的家中神像和照片装饰起来。而这些组织正好相反，它们把工作场所变成了一个通用的校园式的工作和娱乐中心，像谷歌那样。这样不仅非常昂贵，还会让所有人，至少是绝大多数，在工作场所中完全失去自我。

工作场所在物理上的新形态，从办公室、俱乐部、工作点，到家里，是不断变化的劳动者的一个标志。那种把每个人聚集到一个统一的企业麾下（如果不是真的有个屋顶）的大众雇用组织，将会是第一个消失的。这或许不是坏事。规模导致了非人性化，把每个个体仅仅看作人力或者账簿中的成本。在这些庞大军队里的低级区域里，人会感觉自己就像一个庞大机器上的一个小齿轮，最糟糕的情况是这会成为人心灵的牢笼。就像沃尔玛（Walmart）和士瑞克保全公司（G4S Secure Solutions）都有庞大的员工人数，但实际上是由许多小组织组成的，而不是一些老旧工厂的集合体。其他一些大型组织，包括我的老东家壳牌公司，正在逐步实行联邦制（尽管它们并不这么叫），这样做一方面可以确保公司所关心的大规模，另一方面又能保证人性化和灵活性。它们寻找在外形、尺寸和风格上必要的多元性，通过公司网站、电子邮件、Skype网络电话、短消息，甚至老式电话转向智能手机等方式保持所有的连接。

这种虚拟连接的新时尚意味着我们的笔记本电脑实际上就成了我们高效的办公室，当然它们不需要告诉任何人我们实际上在什么地方。尽管这很方便，但也意味着我永远无法离开我的办公室。除非我足够自律，把所有的科技设备都关闭了，否则我被束缚得更多，而不是更少。就像卡尔·马克思曾预言的那样，宗教不再是当今人们的"鸦片"，取而代之的是智能手机。曾经人们从手中的念珠上获得安慰，而如今一些人如果不盯着自己手里的小屏幕似乎就会坐立不安，他们刷各种微博，几乎自然而然地点击"回复全部"，却几乎很少点击"删除"。新的担忧是如今人们因为这种新的流动办公室而交流过度了，几乎没有留出沉思和反省的空间。

展望下一个曲线似乎已经很清楚了，工作将通过一系列不同的方式来组织。"大象"将一直存在，大型组织仍将占到国民产出的绝大部分，正如我在第8章中提到的，这些大型组织和分支机构将会是"三叶草"型的，大多数的附属功能将分离给独立的承包商或者由总部所有但不由总部管理的附属企业，而它们又会被大量我所说的"跳蚤"所围绕，这些构成了"三叶草"的第三片叶子。这些"跳蚤"是个人专家或小型合伙企业，他们为组织提供专业知识和技能，但又不被组织直接雇用。他们通常是某方面的专家，但也可以是组织运营的主要贡献者，同时还保持着他们的独立性。大型组织正在混沌中演变成半独立团体的集合。

我是一只骑在大象背上的跳蚤。作为一名作家，我可以说是一家大型全球出版公司的核心知识产权的一小部分，出版公司需要我和其他像我一样的人，正如我们也需要出版公司。但出版公司不希望雇用我，正如我也不希望被雇用。我通过书的销量来获得酬劳，如果走运的话可能事先获取一部分。尽管对局外人来说，一家企业对于不拥有自己知识资产的核心部分还感到高兴是件非常奇怪的事，但这对我们双方来说是很合适的方式。因为从理论上说，出版公司的核心运营已经在组织之外了，所以没有理由不把其他的部分也承包出去，在内部只需要留下一些协调者，或许是策划编辑。欢迎来到纯粹的合约式组织，通过合同的聚合乔装成一个社区，就像把中间的叶子修剪整齐的"三叶草"。

我经常在想为什么那么多有才能的专家不像我一样脱离组织，再把自己的专业技能和智力成果转身卖给组织，而不是用它来换取工资。我可以预见成群的专家，甚至是整个研究中心或者医学专家团，组成独立的群体，把他们的工作以合同的形式卖给组织,以动态保障来换取独立,获得更丰厚的回报和更多对自己的掌控。合约式组织的吸引力对双方来说是显而易见的。对于组织而言,管理费用更低了,灵活性也更高了,如果有人工作得不如预期那样好,就不跟他续约,但这也存在风险,因为每个人都可以离开去其他地方。进入新的竞争领域的门槛降低了,任何一个新兴组织都可以雇用相同的外人。新的出版商可以一夜之间出现,甚至最开始是从他们家里的厨房开始工作的。然而,在一个合约式组织中,比较严重的问题是没有任何意义上的社区,没有核心价值观,没有什么能激发忠诚度。当合同成为关键要素,精神就丢失了。

然而,这种合约式组织成为常态或许仅仅是时间问题。这将是悲伤的一天,对于许多人而言,尽管工作于其中的组织并不总是那么友好,但一直是他们的主要社区。已经有一些个人价值比较高的工作者,比如银行家、电影演员和体育明星,他们会在受雇时把自己要获得的收益分成作为一个条件。当个体成员或小组的贡献可以被单独识别时,这种基于绩效的薪酬模式似乎注定要随着关键人才的议价能力的增长而推广开来。在人才事业日益发展的世界里,员工将越来越不愿意以年薪的方式出售他们的智力成果,哪怕这份年薪很高。他们将变成独立的"跳蚤"或

第4章 工作场所

者"跳蚤群"。

对于"跳蚤"而言,即使是那些魅力十足的人,风险也是显而易见的。他们提供的东西可能是优秀的,但面临的挑战是要找到足够多的需要这些东西并愿意支付费用的人。如果新"跳蚤"能把他们的技能卖到其原来所属的旧组织中,并以这种方式开始他们的创业,那他们就是幸运的。但即使这样,他们也很快需要寻找到更多的客户。市场营销变得和交付一样重要。那些在服务行业工作的人(大多数"跳蚤"都干这一行),对客户的需求远远超过对投资的需求。一辆二手车、一台电脑和一些基本的设备,足以让许多人起步,而这些都可以通过信用卡买到。不过还有其他问题,很多人曾经在企业里工作,商业社会的严酷现实被屏蔽在外,如现金流的极端重要性、制定合理价格的难度、对债权人的掌控等,这些是他们作为雇员可能永远都没有涉及过的事情。还有许多新"跳蚤"会经历"高大上"的幻觉的破灭,在找到他们的第一个客户之前就租用办公室场地和秘书,设计令人印象深刻的网站和宣传资料,而现实表明早期的客户都是通过推荐和口碑获得的。成功往往比计划的更慢,但最终大多数人发现不安全感换来的不仅是经济报偿,更是自由。我儿子是个演员,这是所有的"跳蚤"职业中最糟糕的,即使他已经小有名气,因为工作机会大多数是零星的,未来仍然不可预测,他干这一行仅仅是因为他热爱。我越来越认为我们都会在人生旅途中的某些节点过着演员那样的生活。

"跳蚤"经常可以把他们的技能和其他人的技能组合起来形成一个"类组织",但实际上只是一些"跳蚤"合同的集合。我们本地的建筑商建议我们,如果供应商和个体工匠的费用都低于增值税水平,那就分开给他们付款,这样我们节省了钱,他也省去了管理。对于小型初创企业来说,一个经验法则是:不要增加雇员,在需要的时候临时请人。有意思的是根据一次"理想家庭"的调查,在维多利亚时代,有 1/7 的家庭请了佣人,而现在是 1/4,但这些几乎都是自我雇用的个体,如园丁、司机、厨师和清洁工。

一种看似意料之外,但在事后看来是必然发生的情况是,关于就业方面的税收和法规不断变多是因为自我雇用的增长。"跳蚤"的数量在迅速增长,占英国劳动力的 15%,这还仅仅是我们知道的。自 2007 年以来英国就业增长的 83% 都来自于"跳蚤"领域,或者自我雇用。许多新的"跳蚤"都是女性,有些不是自愿的,而是被迫离开组织的。但他们中的大多数都选择了自由,去追求自己的道路。现在有这么多工作都是以其他工作为信息基础的，这使得当"跳蚤"变得更容易了。因为他们的工作大多是通过现金支付的，所以有可能我们的国家比想象的要更富有（一些经济学家预测要比现在更富有6个百分点）。

许多"跳蚤"都超过了60岁，抵押贷款还清了，孩子也不在身边，并且管理他们的费用较低，风险也降低了。从组织中解脱出来，或许是他们的选择，或许是被迫的，但他们仍然活跃，仍然渴望以某种方式做出贡献。退休并不是每个人的乌托邦，至少现在不是。工作，正如我们现在所知道的，帮助我们保持健康、积极，尤其是保持参与感和趣味性，是衰老和各种疾病的最佳解药。至于工作是为了赚钱还是为了慈善并不重要，工作是为了社会，为了个人的快乐，在许多情况下是为了照顾心爱的人。然而对于许多人而言，自我雇用正在变成一种重要的用以补充养老金不足的手段。随着人口老龄化的加剧，这种情况将越来越普遍。我告诉这些人，把不同种类的工作、不同的客户放在一起分别做一个组合，如果一个客户退出或一个项目失败或结束，这并不会完结，还有其他的项目和客户。这些天我遇到了许多有工作组合的人，他们在不同的名片之间转换反映了他们的多重角色，这比他们过去仅拥有一份工作有趣多了。

第二曲线有自己的发展路径，会一个接一个地爬升。

在英国，93%的企业已经是微型企业，即每家企业雇员不超过5人，通常是一个人或一对夫妻。微型企业产生的效益只占全国GDP的3%，但它们雇用的人数比整个公共部门的人数还要多。从社会角度和政治角度来看，大多数的社会结构和社会系统仍然建立在几乎每个人都在为某种形式的组织而工作这一假设之上，正是通过组织，我们的大部分税收得以被征收，人们可以享受健康和安全措施，享有带薪病假和带薪年假，获得就业保障和养老金资助。政府想把每个人都拉回组织中，但组织并不情愿，而且大部分"跳蚤"也不想去。

  换个比喻的说法，我把这种自我雇用和微型企业的新增长称为"橡果经济"。大多数"橡果"就只是橡果，有些会被人踩在脚下，但另外有一些会长成高大的"橡树"，会雇用和吸引许多劳动者，可悲的是这往往是政府开始注意到它们的唯一时刻。政府必须明白如果没有"橡果"就没有"橡树"。

  无论政府希望的是什么，现实情况是在今天的英国，只有不到一半的成年适龄劳动人口在全职工作，其他都处在自我雇用、兼职、失业、受教育或"经济无效"的状态中，也就是忙于在家无偿地照顾父母和孩子。"橡果"和自我雇用的"跳蚤"是各式各样的，其中一些是非常规的。

第 4 章 工作场所

英国政府已经开始效仿其他欧洲国家，将毒品贩子和妓女的预估收入增加到了国民总收入当中，毕竟积少成多，而且这些收入实际上并不那么少。据估计，2009 年在英国有 60 879 名工作状态的妓女。而根据一种奇怪的精确估算，她们的收入总计达到 53 亿英镑。毒品贩子甚至赚得更多。非法的"跳蚤"领域利润丰厚，特别是那些"跳蚤"不用缴税。在更常规的领域中，比如我最近接受一个电视台的采访时，发现该电视台的工作人员都是自我雇用的，包括出品人和制片人，而且他们还乐在其中。一个奇怪的事实是，如果今天你有一份所谓的"适当的"全职工作，那么你反而是少数派。世界已经变了，只是很少有人注意到这一点。

我曾在自己家里和一位广告经理交谈，他在 48 岁的时候被裁员了，因此对社会的年龄歧视很愤慨。"现在没有任何工作是为像我这样处于人生巅峰的人准备的，"他说，"这太离谱了。"就在那时，正在我家里维修的电工在门口探出头来说："我现在得走了，得赶去下一家工作。""这就是你要的东西，"我对那位广告经理说，"这就是现在许多人所谓的工作——一个客户或一个项目，而不是在组织里的一个职位。你自己找到一些客户，然后你就会有很多像这位电工那样的工作。"我告诉他在英国注册的企业中，有60%是没有雇员的，只有老板，但他并没有感到欣慰。

在我成长的过程中，我的父母总是在家吃午饭，我认为这是正常的，因为我们认识的大部分人都这么做。我的父亲是爱尔兰一个小教区的新教牧师，教区里的其他人都是农民、医生，还包括一对养马的夫妻、一名艺术家和一个当地商店的店主（他每天中午还会关门好几个小时）。过了很长一段时间我才意识到，大多数人都要离开家一整天去另外一个"家"，也就是某个办公室或工厂。当我发现自己要外出工作时，我很羡慕我的父亲，羡慕他的书房，那个非常私人的空间，并下定决心有一天我自己也要有一间这样的书房。但在接下来的30年里，一间办公室就是我不那么私密的书房，几乎成了第二个家，我待在那里的时间比我待在真正的家里的时间还要多，难怪我的孩子把我当作陌生人。

人生就是个循环。如今我拥有了自己的书房，我的妻子也有她的书房。我们每天早上都去书房，然后喝咖啡、吃午餐、喝下午茶、吃晚餐。现在即使是受雇于人，也有越来越多的人在家工作，当然不总是在家里。我的一个邻居为一家小型电子工程公司工作，公司的十几个工程师都在家办公，他们由几十英里外的一个很少去的小办公室统一调度。据路透社称，有10%的人每天在家办公，另外有10%的人每周有一天或几天在家办公，这些还仅仅是对注册企业人员的统计，不包括义务工作者、有爱好的工人、家庭护理人员以及所有的"非经济活动者"。还有那些没有办公室的人，因为他们全天工作在客户家里或者在去客户家的途中，如电工、水管工、教师、出租车司机、卡车司机、护士、飞行员、演员以及很多其他职业。他们可能没有一个自己的房间，但他们往往都有一个公共的空间用来休息和社交。就像世界上的其他地方一样，未来的工作场所将越来越多地由我们决定。工作是我们所做的事情，而不是我们要去的地方。第二曲线已经开始了，它将引领我们通向新的不确定性。

The Second Curve:
Thoughts on Reinventing Society

第 5 章

市　　场

它被证明是虚假的上帝吗？在什么地方可以信任它

第 5 章 市　　场

　　市场是非常有用的，它是平衡供给和需求最简捷、最有效的方式。如果没有市场，我们只能依靠官僚来做宏观调控的工作。而事实证明，政府官僚并不一定能把这事儿做好。市场也鼓励竞争，从而促进了创新。事实上，如果没有市场，社会将很难运作和进步。但是市场也存在缺点，它并不总是发挥其应有的作用，我稍后会对此进行详细分析。人们会尽自己的所能去利用市场，而市场也不是在所有条件下都起作用。有些东西是不能也不应该用来买卖的，比如爱情或者新娘。还有一些东西差不多就是无价的，比如我们呼吸的空气，当然现在有些人试图对空气收费。

　　更为关键的是，市场意识形态扭曲了我们的优先次序，有些人甚至说在某种程度上使人们堕落。我所说的市场意识形态是指那种认为运行任何事物的最好方法就是创造一个市场的这种理念。这就意味着为最终产品定一个价格并挑起竞争，结果是金钱将成为所有事物的衡量标准，并把一切，包括我们自己的一部分，变成商品出售。有些人乐于出售他们的身体或者器官，有些人迫于生计不得不如此，而另一些人则把自己的人脉关系出售给需要的人。据我所知，作家之间相互写推荐都是有偿的，这样的背书又有多少可信度呢？这就是"王子的困境"。如果你足够有钱或者地位足够高，可以买到任何你想要的人的时间或者他的赞同，你将如何辨别他这些感受的真伪呢？一旦人们开始计算做任何事情的成本和收益，那将和机器人无异。事实上，机器人在计算这方面会比人类更强。

如果一切事物都能买卖，就会使贫富差异更加突出。最近我和妻子在马拉维记录一个小额信贷项目，走访了那些村庄里获得小额贷款去创业的妇女。她们居住在简陋的泥屋里，房子太小，她们的大家庭成员晚上只能睡在地上。没有人拥有财产，所有人都是平等的，差别只在于她们的个性。我们唯一的担心是一些创业女性事业上的成功，可能会打破这种和谐状态，因为金钱会带来差异，这很令人伤感，却是事实。市场是很有用，但并不是对一切都起作用，而且也不总是发挥它应有的作用。

从我上第一堂经济学课，这就唤起了我的怀疑。"让我们假设一个完美的市场……"老师开始讲了。这些假设很清楚，包括提供给所有人的广泛和完美的信息以及纯粹理性的竞争对手，他们只考虑经济条件，只关心达成一个议定价格，对于交易的长期后果或者其他方面毫无兴趣，尤其是中立的谈判手段。当时我就在想，这是做梦吧，这个世界并不是那么简单的。

这一切都与我第一次经历市场时的感受完全不同，当时我刚到马来亚（60年前，这个国家就叫这个名字）一家

第 5 章 市　　场

石油公司的销售部门工作。"你的第一项任务，"销售经理告诉我，"就是确定我们下一年润滑油的价格区间。"我那时对这个国家和润滑油都一无所知，当然是目瞪口呆，我说："先生，我认为自己还不能胜任这项工作。""别废话了，"他答道，"你所要做的就是拿出润滑油的清单，去找会计问每一种润滑油的直接成本，再加上我们的管理费用，这些他们都会告诉你，在此基础上再加 15% 的利润率，最后把所有的加总起来。很简单的东西，却会让你了解我们的业务。""但是……这样有些不道德。"我结结巴巴地说。"为什么呢？"他问道。"是这样的，"我回答说，"这意味着我们花费越多，利润越多。这不太对啊。""不，这就是生意，"他说，"如果你能做到，很快你就学会了。"

我们能这样侥幸成功是因为我们唯一的竞争对手市场份额很小，因此它的单位成本更高，也就乐于追随我们那种"过分"的定价习惯。如果他们挑起任何形式的价格战，对他们自己和我们来说，代价都是极大的。这是什么类型的市场？在接下来的几年里，我观察到了更多这种采取"跟随"策略的企业，它们并非想积极合作，而是计算出破坏现状的代价太过昂贵。我常常奇怪为什么大城市的商店都喜欢集中在一起？在伦敦，所有的珠宝商都在哈顿公园；在迪拜，所有的黄金商铺都在一条街上，都以相同的价格出售几乎同样的商品。我推测或许是他们要确保没有人打破现状，他们对市场的掌控不会被挑战，进而不会发生价格战，因为这样会伤害所有的商户。有人或许会争辩（我经常这样做），类似的事情也发生在金融领域，没有人质疑投资银行收取的巨额费用，也没有人敢向那些声称自己的奖金必须跟上竞争对手的人摊牌。这关系到除了顾客之外每个人的利益，所以每个人都保持现状并且跟随领头的人。

后来，我在美国学习的时候，我妻子决定和伦敦的一个朋友一起把从英格兰骑士和从前乡绅的古墓上拓印下来的拓片卖给波士顿的家庭主妇。英国的这位朋友负责做这些拓印片，用丝网印刷术把它们印到结实的像羊皮纸的纸上。她把这些成品寄到波士顿，我妻子把它们变成4英尺长的壁挂，通过当地的俱乐部和社团卖出去。问题是，如何定价？我计算了一下成品成本，不包括她的免费劳动，最多是3美元，再加上1美元或者33%的合理利润，大概每幅售价为4美元。

我妻子在经商方面总是比我强，她认为我的定价太低了，于是把这个问题引向我当时正在学习的市场营销课程。他们做了一项初步的市场调查，推荐定价40美元，理由是只有被定位成奢侈品，这些卷轴才能卖出去。我为

第 5 章 市　场

这种暴利感到震惊并坚持定价为 20 美元,即使这样看起来都有点过分。在课程结束的时候,我妻子已经赚了足够多的钱让我们在加利福尼亚度过一个美好的假期。但我相信如果我们采纳了当初的推荐定价,我们赚到的钱可能会翻倍,甚至还要多。

我观察到价格常常被当作质量的一个指标。我有朋友会不自觉地选择购买最贵的商品,因为他们假定那是质量最好的。而我自己,在碰到一个困难的法律案件时,也把原来那家中等价位的律师事务所换成了一家更昂贵的律师事务所,因为我假设它会做得更好,其实最后我并不认为那家贵的做得更好,但在面对不确定性的时候,那似乎是最安全的方式,尽管也是最昂贵的方式。有一段时间,我作为会议演讲者游历世界,在我看来,如果我收取的费用是那些贵到离谱的发言者的一半,我将收到更多的邀请。但事实并非如此,客户显然是把我降入了第二梯队。我提高了自己的费用,然后我们的生意又兴盛了一段时间,但我很清楚这样利用一个不完善的市场的是不对的。

或许所有的市场都是不完善的。也许原油、各种商品和金属交易的现货市场相对好一些,因为那里的信息透明,交易机制中立。当然,这是也许。50 年前,我曾担任一个小团体的秘书,团体里的人都是大人物,包括一个来自刚果的比利时人、一个来自智利的美国人和一个来自罗得西亚（当时是此叫法，现为津巴布韦）的英国人。他们每6个月会在巴黎最豪华的餐馆会面，确定伦敦金属交易所里铜的生产价格。主要生产商的生产价格决定了金属的基础价，从而保证了市场的稳定。我确信这些都是合法的，我的工作只是记下他们达成一致的价格，以防他们忘记或记错。我当时认为这是一种奇怪的市场模式，但我发现它对于稳定大部分的市场是有意义的。

市场还存在一些其他问题。光比较成本而不是价格的市场是不切实际的。我注意到当时的匈牙利有两家全国性的化肥厂，"当然，"我说，"如果只有一家化肥厂的话，价格会更便宜，因为在这个行业中存在明显的规模经济。""但是那样的话，我们就必须制定一个化肥制造的合适的成本水平。"他们回复说，"而现在这种方式，两家厂通过竞争为我们制定了标准。"他们说得对，我对自己说，尽管这两家厂相互比较的如果是产出而不仅仅是投入的话会更好，因为这是这两家化肥厂存在的真正意义。这是他们体系中的缺陷，人们可能通过一个非常廉价的过程，生产出一个非常糟糕的产品。如今，这在我们自己的公共部门仍存在。一个同时考量产出和成本的市场将会表明这些，话虽如此，有时市场也会降低而不是提高标准。更多的大学在相互竞争时会通过降低入学标准和获取学位的标准以吸引一些学生，大学通过这样的方式可以填满课程，但对市场主体而言，受害的是顾客、雇主和整个社会。数量渐多的电视频道和其他媒体在提高内容的质量方面，成效并不显著，除了把更多的内容提供给更多的人。

在一些社会领域中，市场根本不起作用；在另一些社会领域中，市场的作用会有偏差；还有一些领域，如果存在多个市场会更好。比如，人们不能创建一个没有人能自然存在的准市场。英国的私有化计划试图将一些市场原则引入部分公共部门，最终的结果往往导致了地方垄断，比如供水和铁路，在这些领域，每个地区可能只有一个运营商；或者导致了全国范围的垄断，比如空中交通控制网络。这样导致监管机构试图引入一些价格机制的元素，这就是市场的主要优势。然而真正要做的是阻止像我就职的第一家石油公司一样声称自己的成本是必要的，并在此基础上加上它的利润率。只靠监管机构单独行动与所有企业进行争辩是很难的。最终，当引入固定期限的特许经营权后，市场规律开始发挥作用，但即使是那样的竞争也是有缺陷的。一些出价者承诺的东西他们最后做不到，另一些人提供的成本估算被证明是过于乐观的，最后让政府去收拾烂摊子，整个实践将变成一场闹剧。私有化可能带来更多的效率，但效率对于成本的挑战只有在一个真实的市场中才有效。

事实上，在英国出售公共事业通常带来的结果是由政府支付更多的补贴，消费者支付更高的价格，人们认为供应商的利润是非常可观的，而这些供应商大部分是外资。我的经济学老师认为很少有市场是完美的。问题继续出现。在真实结果无法估价的领域，市场不起作用。例如，什么是监狱的真正成果？医院呢？学校呢？在这些例子中，唯一可以估价的是成本，但就像我之前争论的，只看成本不看结果无法形成一个恰当的市场。成本比较会压低成本，但不一定会带来更好的结果。医院可以在病人痊愈之前送他们回家从而腾出床位，提高床位周转率，但对于被赶出去的痛苦的病人而言却不是好事。或者医院可以裁减医护人员以降低成本，但这样一来病人就无人照料。

不幸的是，监狱、医院和学校的真正产出不能被轻易地测量。监狱面临的真正考验想必是囚犯出狱后的生活，在出狱后的十年里，他们的生活会有多大改变？如果这是可以衡量的，可能会鼓励监狱管理部门更多地投资于再培训和复原。评判医院最好的方式是其周边居民的健康状况，或者至少是患者出院后的生活情况。对于学校而言，理想的评价方式是看其学生今后20年间的进步。由于这些评判成功的措施都是困难而且不切实际的，因此这些组织采用了替代办法：考察再犯罪率、康复时间、考试结果，尽管这些与真正的长期目标通常没有直接关系。采取折中办法的危险是它们会扭曲这些机构的真正目标。成绩好并不一定意味着他会成为好公民或者好的领导者，老师知道这一点，但他们被唯一可以测量的东西所驱动，虽然它可能是不充分的。

折中的措施犯了"麦克纳马拉谬误"，这一说法是由时任美国国防部长罗伯特·麦克纳马拉（Robert MacNamara）在越南战争期间提出的，它的表述是这样的：第一步是测量那些可以很容易被测量的事物，从一定程度上说这是对的；第二步是无视那些不能轻易地被测量或者提取定量数值的事物，这是人为的和有误导性的；第三步是假定不能轻易被测量的东西不重要，这是盲目的；第四步是那些不能轻易被测量的东西并不存在。

我会把麦克纳马拉的第二步修改为："假设那些可以被准确测量的事物是由那些不能被测量的事物所导致的结果。"这是"三段论"中真正缺失的环节。缺少这个环节，它就是一个虚假的市场，客户和决策者都处在黑暗当中，依靠的是直觉，而没有确凿的证据。这是非常危险的。

因此，根据上述这些内容，不难理解美联储前主席艾伦·格林斯潘（Alan Greenspan）的"天真"了。他在最新的回忆录中回想 2008 年的金融危机时，谈到："我和其他的经济预测者不了解市场容易陷入疯狂甚至混乱的情绪波动中，会与一切基本的理性基础完全脱离。"他最终承认对"新古典经济学中关于人们行为的理性利己主义中的假设"失去了信心，"对我而言似乎突然之间以数学为定价基础的整个体系完全失效了"。

不，格林斯潘并不天真。与大多数企业和政府一样，他相信市场会自我纠正。我们可以在市场上觉察到这一理念；在商学院里，我们也被灌输了这一理念。正是这种聪明的策略使得自私变得合理，对"贪婪是美德"这一格言的追捧也变得过分了。这句话是经济学之父亚当·斯密（Adam Smith）说的，所以它成了一个神圣的真理，几乎是资本主义的基石。那么，怎么可能出现这样的错误呢？

让我们从头开始，亚当·斯密并没有说"看不见的手"会让利己主义为所有人的利益而服务。在《国富论》（The Wealth of Nations）中，他只提到了一次这个隐喻，用来说明一只看不见的手会使一个商人倾向于在本国投资而不是在外国投资。他的原文是：

他宁愿支持本国产业而不支持外国产业，

第 5 章 市　场

只是想要确保他自己的安全；他指导这种产业使其产品能具有最大价值，他这样做只是为了他自己的利益；像在许多其他场合一样，他被一只看不见的手引导着，去促进一个并不是出自他本心的目的。

这个例子说明语言是可以扭曲的，你想要它表达什么意思，它就表达什么意思。

我想亚当·斯密的真正意思是，竞争会让一切物品的价格回归到"它的正常价格"。但他也说过"由于我们的行为受道德能力的支配，我们必然要追求最有效的手段来促进人类的幸福"以及"多考虑一些他人，少考虑一些自己，克制我们的自私并培养我们的善意，从而构成人性的完美。"银行家请注意，亚当·斯密首先是一个道德哲学家，其次才是经济学家。他并没有允许自私肆虐，他也曾说过著名的一段话："我们期待的晚餐并不是来自屠夫、酿酒师或者面包师的仁慈，而是来自他们追求自己的利益。"他后来继续说，这实际上是为了让那些商人为了客户的私利而工作。简而言之，开明的利己主义对每个人都是最好的，但亚当·斯密没有抱有幻想。纵观历史，从他的作品中，我们发现他观察到了"大师们卑鄙的格言：一切为自己,决不为他人"。这或许是对 300 年后华尔街的"宇宙主宰者"吹嘘的一个预言。亚当·斯密坚持认为,市场如果要为所有人的利益而工作,需要良好的规则和强大的监管。

因此,回到我最初的质疑。按照第二曲线的思维,市场是有用的,甚至是必要的,但它也需要谨慎的监管和严格的规则;市场并不是在所有情境下都有效;相信一些折中的措施可能会产生误导;用对市场力量的绝对信念来组织我们的生活是危险的;最重要的是,生命的价值不能,也不应该用财务语言来表达,这样做是把我们变成了商品,相比于那些无法定价的方式,我们要富有得多。

The Second Curve:
Thoughts on Reinventing Society

第 6 章

增长的困境

更多总是意味着更好吗

"增长"是一个被光环围绕的词，这表明它是一件无可争议的好事，但我在想是否好东西也不能有太多呢？是所有东西都越多越好吗？当想起我们的饮食时，答案显然是否定的。那生活中的其他东西呢？大多数企业认为如果不把增长当作目标是很奇怪的，但要永远增长吗？多年前，我曾在IBM的全球总部的墙上发现一张图表，上面有两条线是对未来的预测。一条线代表了美国GDP的预计增长，另一条是对IBM全球销量的规划。我注意到在未来某个遥远的点上，IBM的增长线上升超过了美国GDP增长线。"这肯定是个很好的玩笑，对吗？"我对一位IBM员工说。"当然不是，"他回答道，"从我们的增长率来看，这是非常有可能的。"我认为这是梦幻，你能体会到有多不切实际吗？永恒的增长只能是一个幻想，除非能找到不受竞争或资源缺乏限制的增长形式。纯粹基于信息的企业的快速增长倒是提供了一种有意思的可能性，这对一些人来说是利润丰厚的，但它无法维持生命。因此，我们不得不问，如果没有经济的增长，生活、工作和社会能否兴旺发达？

有时我渴望中世纪的生活，那时候对大多数人而言任何事物没有太大的变化，日子一天天过，仅仅随着季节变化而变化。那时候，人们除了邻居之外几乎不认识其他人，你

第 6 章 增长的困境

人生的舞台在出生的时候就已经确定了，因此你也会努力把它做到最好。人们的寿命比较短，死亡很常见，也更容易生病，但因为选择很有限，所以生活也更简单。人们最大限度地利用了自己所拥有的，因为对大多数人而言追求更多（与众不同的）东西是毫无意义的。简单带来了舒适。

当然事实可能是完全不同的。"孤独、贫穷、肮脏、野蛮和浅薄"，怀着"无止境的恐惧"，这是托马斯·霍布斯（Thomas Hobbes）从他所认为的国家本质的角度对生命的描述，人们是自生自灭的。1000 年来，经济几乎没有增长，既然没有增长，人们必然会对现存物品进行持续的争夺。东西不够用时，贪婪并不会消失，而会更糟。增长让我们选择，理论上是给了所有人选择，让所有人进步，让所有人获得某种成功。因此，最终我接受了经济增长，尽管随之而来的是个人和社会面临的竞争与挑战。一个没有增长的社会将会是一个嫉妒盛行且日益恶劣的社会，只有一小部分幸运儿才拥有选择权。有人认为发达国家的增长已经够快了，是时候暂时停下来反思并让其他国家赶上来。但不管怎样，增长的可能性，是让人们保持希望而不是陷入绝望，是让我们变得富裕。

但需要何种方式的增长呢？拿经济增长来说吧，这肯定是件好事，因为如今我们生活的很多方面都依赖由税收支付的公共产品和服务。人口在增长，如果此时经济不增长，那就意味着对绝大多数人而言分得的更少，但并不是所有的经济增长都是有益的，浪费给少数富人而无缘大部分人的增长是有害的。同样，靠掠夺环境资源从而留给后人一个糟糕的世界，这样的增长也是有害的。由生产力提升带来的经济增长会导致失业，因为技术替代了人工。机器人代替人听上去不像是人类的进步。不幸的是，我们通常用来计算经济增长的方式并没有考虑这些条件。

GDP作为官方接受的测量经济增长的标准，在这方面是一个有严重缺陷的指标。然而问题往往被掩盖了，这就使得当权者可以无视这些问题。此外，GDP还忽略了所有没有金钱交易的活动。罗伯特·肯尼迪（Robert Kennedy）曾经说过，GDP"衡量的既不是我们的才华，也不是我们的勇气；既不是我们的智慧，也不是我们的学识；既不是我们的同情心，也不是我们对国家的贡献。总之，它囊括了一切，除了那些让生活变得有价值的事情"。我自己用种子种出了蔬菜，没有计算在国家的财富之中，同样带着小狗在树林里散步（这对幸福而言至关重要），以及我的孩子在照顾他们的孩子时花费的时间，这些都没有被计算在内。这些事情都可以找外人来做，并给他们付钱，从而极小地促进GDP增长，但这些活动本身并没有变化。既然那些事情没有被计算在内，那么政策制定者肯定不会对此太关注。然后还有实物支付的情况，比如以葡萄酒来换取一些咨询服务，以一个度假小屋的贷款来作为对照顾孩子的补偿，在非洲时以招待我们狩猎来换取一次演讲。在我的纳税申报表上，这些统统看不见。

这种情况的缺陷还有很多。生产率的提高降低了物品的价格，使得 GDP 减少，但物品的效用提升了。就像今天的电脑更便宜了，但性能也更好了。然而，更多的公路交通事故、更多的骚乱和暴力事件会使得支出变多，从而使 GDP 也增加，但这些会危害社会。如果按照 GDP 的早期支持者所说的，这些开支是否应该从 GDP 中扣除而不是计算在 GDP 中呢？现在我们从互联网上得到的很多东西都是免费的或几乎是免费的，因此也被 GDP 所忽略。非正式经济和黑市经济也没有被计算在内，不过 1987 年意大利人决定把这些放进去，一夜之间他们的 GDP 增加了 20 个百分点，借此超过了英国。在欧盟的指示下，英国和其他国家现在也打算做同样的事情，通过把包括卖淫和毒品交易等非法活动的收益纳入进来，国民总收入会增加 4%。当然，在合法（灰色）经济领域的小型民营企业肯定还有很多未申报的收入。鉴于在计算上存在这样或那样的缺陷，把不同国家和不同货币放在一起比较增长率是傻子才干的差事。事实上，我们无法获知在某个时点上，我们的经济和社会的真实增长情况。在经济层面尚且如此，就更不用说人类福祉了。

第二条曲线迫切需要一个更令人满意的衡量社会增长的方式。经济学家戴安娜·科伊尔（Diane Coyle）在她富有启发性的著作《GDP简史》(*GDP*)中指出，决策者应该采纳有不同计算方式的"仪表板"（dashboard）。但可悲的是，政治家和公众都渴望一个简单的数字，按科伊尔的说法，GDP就是我们能有的最好的"仪表板"。而不幸的是，它在公开辩论中被当作唯一通用的衡量方式，去衡量我们整个社会的进步，这是GDP所无法承担的角色。我们需要科伊尔的"仪表板"，它虽然复杂，但将不可避免。也许在某一条第二曲线中公众会被教育并认识到，虽然简单是很诱人的，但如果减少复杂性去追求简单，就要冒着信息丢失的风险。应该鼓励各国政府就一个标准的"仪表板"达成一致，来衡量整个社会的状况。对此，有很多措施可供选择，但都没有被公开使用。澳大利亚已经开了个头，每年出版的《衡量澳大利亚进步的措施》(*Measures of Australia's Progress*)会向公民咨询哪些措施应该被包含在内。其他国家也应该向澳大利亚学习。

然而增长并不仅仅是经济方面的。我曾经应一个知名管弦乐团的要求帮助其制订成长计划。我很困惑，在我看来它已经有了一个完整的演奏者组合,为什么还想要更多的小提琴演奏家和长号演奏家?"不,不,"他们解释道,"我们不是想扩充乐队,我们是想变得更好,扩展我们的听众、我们的演出曲目、我们的巡演,当然作为结果还想提高我们的收入。"

更好而不是更大,我早该意识到的,因为我已经发现这些年来合作起来最有意思的大多是那些根本不想变得更大的组织,包括学校、医院、运动队、俱乐部,甚至家庭。一旦这些组织达到看起来最佳的规模,任何进一步的增加都将是毫无意义的,甚至还可能是破坏性的。对于这些组织而言,关键问题不是变得更大,而是变得更好,当然,还有以何种方式变得更好?我们回到了那些悬而未决的问题:为什么?是什么?为了谁?

更好而不是更大也是德国许多中小型家族企业的口号。这些中等规模的企业,大部分是家族企业,从事制造业,是德国经济的支柱。它们审慎地对待债务,做长期投资,避开股票市场。许多利基产品(niche products)的市场领导者的目标是把一件事真正做好。因此,为了生存下去,它们投资于产品质量的工艺和研究。它们通常坐落在只有数百个劳动力,而不是成千上万人的乡村,是敏锐地认识到了工人重要性的人性化企业。它们为工人的幸福考虑，并给工人培训。它们优先考虑的是工作而不是利润，但利润会随之而来，然后它们又把一部分利润用于再投资。正如一位家庭成员对我说的："你不会在这个家庭里变得富有，钱最终都会回到企业中。"如果有更多企业像它们这样就好了。

相反地，由股东驱动的公众公司，倾向于认为更大就意味着更好。我们必须要问，对谁更好？对顾客而言，太大会变得乏味。当每一个购物中心都有相同的咖啡店、餐馆、超市和服装店时，每个人都穿同样的衣服，吃同样的食物，人们会开始渴望多样化。最终企业是为了自己的利益而变得太大，像麦当劳和乐购都惊讶地发现，2014年它们的销售业绩严重下滑。更大也并不一定就更有钱。一直以来对企业并购的研究表明，大多数并购都不会给发起收购的公司的股东带来增值，收购只会增加整体的营业额和员工数量，会提高那些公司负责人的权力与声望，但同时会相对削弱较低层级的员工的影响力和重要性，因为他们发现自己变成了一台更大机器中的更小的齿轮。当然对于一些兼并收购来说还有很多好理由：为了保卫市场或进入新一个市场；寻求规模经济或使生产和分销更有效，因为通常两家公司合并后成本会更低。但通常会存在一个临界点，超过这个点就意味着过大，规模经济会带来一些不那么明显的心理和社会弊端，创造出的组织就会因为太大而无法进行合理、有效的管理。

一个相关的案例就是士瑞克保全公司，起初它由丹麦和英国的两家安保公司合并而成，在2008年进行了疯狂并购，买下了十几家公司，员工达到64万，一跃成为世界上第三大私营雇主，仅次于沃尔玛和中国的富士康（Foxconn）。后两者专注于零售业和制造业，但G4S的业务拓展得更广，为120个不同国家的政府和组织提供一系列安保及其相关服务，有效地开展政府不愿意做的工作。但近年来G4S一直被丑闻和失败的交付事件所困扰，为2012年奥运会提供安保人员时，它降低了要求，让英国军队来收拾残局。它们还承认向英国政府多收了6800万英镑追踪已获释的犯人。这个问题一定在于总部无法总能获知某个分部在干什么。即使能做到，在这样一个多样化和跨疆域的企业创造共同的文化，也势必非常困难。这就引发了一个问题：在没有了明显的规模经济和技术交流的时候，为什么还要追求如此大的规模呢？有理由怀疑这是公司高层从利己的角度来考虑的。

通过收购实现增长对于那些利己者很有诱惑力，但结果可能是几大企业主导并垄断某一经济领域，阻碍有效竞争。当这些"巨无霸"公司在实施并购政策时，政府和它们勾结在一起，协助并怂恿这种寡头垄断，而这本该被禁止。新的信息产业的一个特点是收入主要来源于广告，像谷歌或Facebook，采用"用户通吃"的措施。规模是最重要的，因此行业领先者对于潜在竞争者要么排挤出去，要么收购过来。反垄断法在这种没有竞争对手的情况下似乎不适用了，而监管机构也似乎不愿或不能干涉。美国政府曾经分拆了AT&T，为什么不能分拆新的巨头？

规模大可能是诱人的，但这是必要的和明智的吗？早在20世纪30年代罗纳德·科斯（Ronald Coase）就曾论证过大公司的情况，他建议把一切都纳入组织内部，因为相比于与独立的外部企业谈判，这样会降低交易成本。简单地说，如果你雇用了他们，你就要告诉他们该做什么。科斯理论应用到现实中的结果就是集成组织，与集成组织的输出结果相关的一切都是由它所有并管理的。50年后，科斯因为他的洞察力而获得了诺贝尔奖，而正是在那时新的通信技术开始对他的论点产生怀疑，越来越多的公司也开始分离出它们的非核心业务，因为它们发现与交易成本相比，一个大型组织对其成员的管理费用和附加福利其实更高。失去直接控制权的损失也被独立所带来的心理收益抵消了，合同和联盟的方式更廉价，而且运行效果更好。"三叶草"组织的时代已经来临了（参见第8章）。

英国的国家健康体系显然太大而不可能成为一个像科斯理论所说的集成组织，有130万名员工分布在各种杂乱的组织体系中。它现在急需通过联邦制的方式，将其按地域分割，这样就可以根据每个地区公民的整体健康的改善状况来判断其运营成功与否，从而把预防工作提高到与护理和治疗同等重要的地位。在联邦制的原则下，总部主要聚焦于战略、重大投资和组织内关键人员的任命，同时也将监控关键结果和成本，但不会干预并进行指导或控制，除非出现极端情况。通过这种方式，这样一个庞然大物的组织将会变得更人性化一些。

第二曲线让企业和政府关注到一个新的重点，就是变得更好而不是变得更大，可以共同工作而不必控制。政府可以在某些特殊行业进一步限制寡头垄断趋势，还可以利用税收制度鼓励小企业保持私有制，而不是只要一有可能就谋求上市，在一定程度上是它们想让自己变得有钱。银行也能帮忙，就像德国的银行提供长期贷款，不像英国和美国的银行更倾向于提供短期市场化融资。

那些赞成更大而非更好的人还必须解决一个更深层次的问题：是否有一种东西叫"够了"？如果约翰 D. 洛克菲勒（John D. Rockefeller）被问到这个问题，他的答案估计是"够了？再来一个！"但凯恩斯（Keynes）不同意，他认为经济问题会在适当的时候解决，那时我们的一切物理需求都会得到满足，一天工作三个小时就足够了，留下的大问题是我们在那些闲暇时间做什么。迄今为止，我们证明了他是错的，我们的需求，或者更确切地说，我们想要的东西的增长速度跟我们的收入一样快。从逻辑上说，我们欲望的增长是没有尽头的。在这个意义上，洛克菲勒是对的，但凯恩斯也是对的。

如果我们不能对自己说"适可而止"，我们将永远不会自由地去探索其他可能性。因此，从这个意义上看，凯恩斯是对的，如果我们对自己的需求和欲望或者对成功的渴望设定限制，我们将会有更多可供支配的时间。在无止境地追求更多的过程中，无论更多是多少，我们都将把自己变成野心的奴隶，而且从理论上说，没有尽头。据说所有的政治生涯都是以失败而告终的，除非有人在结束前退出，说足够了，然后转入其他领域。一家企业不能永远以指数级增长，它会变得太大而无法开展有效的管理，然后会自己分散或被分割，之后重组并聚焦到新的方向上。朝不同方向增长而不是一味变大，这样企业会表现得更好，通常盈利也会更高。这就是第二曲线背后的前提，多样化比同样的事情变多要更有成效。

对于个人而言，追求更多金钱是一个特别的陷阱，因

第 6 章 增长的困境

为这永远没有止境,总会有一个更有钱的人被拿来做比较,被当作挑战的对象。增长的悖论之一是增长能作为终结永久不满的秘诀。一种解决方式是说"够了",然后继续前进,但知易行难。在我们的个人生活中,我和妻子每年会制订需要赚多少钱的计划并为此分配时间。我们发现目标定得越低,我们就越有更多自由去完成凯恩斯的挑战:如何更好地利用我们的空闲时间。既然目标是由我们自己为自己制定的,我们就不会羡慕那些赚得更多或取得更大成就的人。我们的生活更多是在自己的掌控之下,而不是由市场决定的。那些选择贫穷的人确实是有福的,因为他们有更多的自由和机会实现他们自己认为的成功。当然,那些被迫陷于贫穷的人并不是这种情况。

当我们仔细观察时会发现增长是一个简单而混乱的目标,追求增长需要小心翼翼并考虑周全。一个奉行更多总是更好的社会,将会是一个充满嫉妒和不满的社会。而按第二条曲线发展的社会将会找到更好的方式来衡量增长,记录它的不足以及成功之处,把所有的因素都纳入计算之中。按第二条曲线发展的社会将会鼓励满足的思想,遏制盲目的消费主义和个人债务,同时也希望看到一些商业和金融巨头进行拆分。增长应该是实现某个更伟大目标的手段,而不应该被视为目标。

The Second Curve:
Thoughts on Reinventing Society

第 7 章

资本主义的玻璃塔

我们需要新的资本主义吗

第 7 章 资本主义的玻璃塔

如果没有资本主义和自由的企业制度,我们会在哪里?在过去三个世纪里,资本主义极大地丰富了世界,创造了财富和工作,并且今天依然在继续。然而你一定会问,正如许多人正在问的一个问题:财富和工作是否按照它们本该有的公平进行了分配?一心一意地追求财富渗透了整个社会,这是否会把权力放在了民众和政治家力所能及的范围之外?罗马教皇方济各(Pope Francis)在他2013年的第一份通谕中感叹市场经济所带来的毒药,把利润放在了人的前面。他的感叹受到了世界各地抗议者的呼应,1%的富人和99%的民众之间不断拉大的鸿沟也激起了民愤。我们不得不问,资本主义已经弄巧成拙了吗?我们能不能把它关回盒子里,又不失去它的活力和创造力?现在这么做已经太迟了吗?

自从19世纪中期两项创造性的社会发明——股份有限公司和有限责任公司这对孪生概念最先在英国被广泛推广之后,资本主义得到了巨大的发展,这两者的结合对投资风险进行了分担和限制,推动了工业革命,但几个世纪以来,这些好的想法产生了一些意料之外的后果(好的想法通常会这样)。至于那些社会发明成果的可见标志,我们只需要看看城市中不断变化的天际线,还有已经被替换的中世纪的城堡和教堂,一开始替换它们的是人民议会,但现在是企业世界闪亮的"玻璃塔"。对于普通的路人来说，他们似乎很清楚真正的权力在哪里，人们好奇数百年后的天际线会是什么样子。那些"玻璃塔"充满了矛盾，虽然外表是玻璃，但人们无法识透它们。作为成功民主国家自豪的象征，它们就像在任何独裁政权之下一样，是被中央控制的。它们挂在门上的名字，通常也被标示在屋顶上，往往是一组无意义的字母。对于外行人来说，这些都是由无名人士运行的无名组织，这些无名人士是无名投资者的委托代理人，而这些无名投资者大多代表着这些玻璃塔中的无名机构。你不能责备普通人认为权力和财富在某种程度上已经不受控制了，以及他们的关注点和更广泛的社会关切都有被忽视的危险。也许真正的问题是，太多的人不这么想，他们只是认为这种方式是注定的，就像奴隶制一样。虽然我认为资本主义的第二曲线迫切需要一个文化变革，但这种方式不可能是这个文化变革的最佳起点。

对一些人来说，现在流行的是"校园"，而不是一个"塔"，让组织看上去像一所大学，有时候结构上也是如此。我曾经去过一家"玻璃塔"式组织的办公室，如今已经变成了智能公寓的起居室。但即便如此，这些"校园"周围也都会环绕着高高的围墙，有门卫守护，对普通民众仍然有限制，仍然具有神秘感，仍然只对自己和其投资人负责。这里的工作人员的薪水由与他们相似的人限定，小心翼翼地维持在平均水平之上，当然这个平均水平也会逐渐增长。"何人得益"，即为了谁的利益这个问题仍然在被追问，当然一些人觉得这个问题的答案太明显了。对于民众来说，这些"玻璃塔"或者"围起来的校园"似乎只是为了自己的利益。具有讽刺意味的是，在最需要资本主义发挥有利影响的发展中国家，这种感觉最为强烈。当然这并不是大多数在"玻璃塔"和"校园"内充满善意的人们所看到的，他们只是在一个艰难的世道里尽自己所能做到最好，他们也是被欺骗的。

亨利·明茨伯格（Henry Mintzberg），这位传统管理思想的颠覆者，曾令人信服地论证了我们从苏联解体中所汲取的教训是错误的，那不是所谓的"资本主义的胜利"。如今这观点得到了验证，平衡被另一种方式打破了，整个社会以牺牲政府和多元化为代价去盲目崇拜私营部门。

弗朗西斯·福山（Francis Fukuyama）和其他一些人曾论证过，包括许多政治家都认为自由民主与开放的市场资本主义的结合将是一个成功社会的最终答案，但民主和资本主义是"同床异梦"。正如"占领运动"所追求的那样，如果资本主义不为民主服务，民主就可以摧毁它，但是他们没有合理的替代资本主义的方案，没有提出第二曲线，这也就意味着光靠抗议无法扼杀资本主义。更可能的结果是迫于公众的压力，让企业处在诸多限制和要求下，进而对市场的活力造成不可修复的损坏。一些银行家担心，这种情况在有些区域已经发生了。我们应该对此保持谨慎以免杀掉了"下金蛋的鹅"。如果复仇就是进餐，那它最好是冷盘。

  因此，在公司的行为方式和更广泛的社会感知方式等方面，我们迫切需要进行一次文化上的转变，而这不仅仅是政府部门的工作。以我的经验来看，政治家直到相信他们的行动将会受到大部分投票民众的欢迎时才会采取行动，而这会耽误太长的时间。我们也不应该放弃那些过去给我们带来这么多好处的好理念。对社会而言，公司很宝贵，不能失去。因此我们不得不问：怎么会变成现在这样？过去那些好的想法是如何被破坏的？我们如何才能拯救好的，摒弃坏的？从表面上看，已经有一堆好主意了，透明化、问责制和治理结构等可能会在这份列表的前列，但我更担心的大问题排在这些技术问题的后面，那就是：建立一家企业是为什么？抑或是，为了谁？更具体地说，就是如何定义一家企业的成功？如何衡量它是否成功？

  如果人们不怕麻烦去翻看公司法的话，会发现公司其实有更多自由，可以从许多模式中进行选择，决定自己的命运，公司并不像一些人想象的那样臣服于股东之下。在每个国家，一家公司就是一个法人，股东并不拥有公司业务，而只是拥有其所占的股份，这是有区别的。股东的正式权力仅适用于任命董事会，以及在公司解散时在支付完所有其他索赔人之后分得剩余的公司资产。董事的职责是对整个公司负责，而不仅仅对股东负责。人们对公司法有一个普遍的误读，认为公司的首要目标是股东价值的提升，从而持有短线思维并把奖金和股东权益的表现挂钩。

正如大名鼎鼎的通用电气 CEO 杰克·韦尔奇所说（虽然也就是在他离开公司后这么说）："股东价值是世界上最愚蠢的概念。"股东价值或许是一个愚蠢的想法，但它是普遍存在的。1998 年，我与正在更新英国公司法的委员会碰面，我告诉了他们我认为的公司的真正目的是什么，但他们告诉我他们从财政部得到的指示是确保以股东为关注核心。最终他们在"股东价值"之前增加了"启发性"这个词做限定，并纳入了一项条款规定其他利益相关者的利益也必须得到确认。这些模棱两可的词汇，是很容易被忽略的。

把对公司法的重大误读放在迈克尔·詹森（Michael Jensen）和威廉 H. 梅克林（William H. Meckling）这两个人

的面前将是非常有意思的。1976年，他们俩在当时鲜为人知的《金融经济学》杂志（Journal of Financial Economics）上发表了一篇标题乏味的论文——《公司理论：管理行为、代理成本和所有权结构》（Theory of the Firm: Managerial Behavior, Agency Costs and Ownership），他们这一想法的根源可以在他们以前的同事米尔顿·弗里德曼（Milton Friedman）的论文中找到。弗里德曼曾在1970年提出了著名的观点"企业的社会责任是增加利润"，他指出，让企业自由地去做自己的事，然后其他的一切都会随之而来，社会会成长，一切都会变得更好。而詹森和梅克林的论文在接下来的一二十年中变成了世界上引用率最高的经济学文章。

詹森和梅克林认为，公司本质上是一系列合约关系，董事和经理人都是股东的代理人，并不总是为了自己的利益而行动。他们主张董事和经理人应该与股东保持一致，而且应该把自己当作股东，用股权、股票期权和与股东权益表现挂钩的奖金来奖励自己。顺便说一句，所有这些都是在他们不菲的基本工资保障之外的。当然，这种为了即时和短期结果而做出的集中的管理努力，往往会让长期投资付出代价。更糟糕的是，那个时候商学院开始在世界各地迅猛增长，宣扬股东价值是企业核心这一理念，以至于在接下来的30年里影响了一代聪明而有雄心的年轻人，他们进入公司时，脑海里都装着这个理念。

第 7 章 资本主义的玻璃塔

1971年，我邀请吉姆·斯莱特（Jim Slater）为伦敦商学院的学生演讲。斯莱特作为 Slater Walker 的合伙人，是新兴的私募股权界的无冕之王，他说："我是全英国唯一一个不生产或制造的商人，我只对赚钱感兴趣"。学生对此很着迷，思想的腐蚀就此开始了，我也和其他人一样"有罪"。随着这种诱人言论的传播，企业不再专注于生产或制造带来利润的产品，并以此为唯一结果，而只专注于为股东赚钱，当然同时也是为自己赚钱。在制造公司的高管中，工程师被金融家所代替，公司文化也发生了改变，公司成了赚钱机器，而且在很大程度上现在仍然是。如果真的是詹森和梅克林的文章开启了这一切，那么这不仅展示了"一个想法改变世界"的力量，而且也验证了凯恩斯的嘲讽："疯狂的当权者认为自己不受任何知识的影响，但他们通常是一些已故经济学家的奴隶"。

人们花了40年的时间才开始看到米尔顿·弗里德曼的想法其实是不适用的，社会并没有受益。事实上在2008年，由于银行和企业的过度扩张，社会几乎崩溃。社会上的大多数人的真实境况并不比弗里德曼提出观点时的状况要好，当然有1%的人做得非常好，人们可以自己想象这群人是谁。甚至作为理论上的受益者，公司的股东也没有受益。杰出的学者罗杰·马丁（Roger Martin）已经计算出，总体而言在1970年后的40年里，公司的利润比40年前经理人拿着正常的薪水干活时还要低。如果我们感觉现在过着比以前更好的生活，那主要是因为现在每个家庭都有两个人在工作，而以前一个人工作就足够了，而且现在人们工作都比之前更努力，工作时间也更长。这并不是人们原本期待的方式。

不幸的是，"玻璃塔"中的居民仍然沉浸在自己的世界里，凌驾于其他人之上。就拿最近美国的股票回购的上涨来说，威廉·拉佐尼克（William Lazonick）教授计算，纳入标准普尔500指数的449家于2003～2012年公开发行股票的上市公司，花费了它们盈利的54%——总计2.4万亿美元去回购自己的股票。考虑到股息分红占盈利的37%，公司只剩下可怜的9%用于再投资。公司回购自己的股票是因为他们拥有的钱理论上比确保自己未来发展所需要的更多。回购股票意味着更少的股东去分享同样的利润，进而会推高股票价格和股本回报率。这对于那些高管而言非常有利，因为他们的薪酬越来越多地与股价挂钩。在美国，股票赠款和期权占了这些高管总薪酬的80%。对于其余的人来说就不太好了，他们可能更喜欢看到这些钱投资于新产品、更好的培训，甚至给那些不那么高级的员工支付更多的工资。当然，这些公司是例外，并不是所有的董事会都是这样的利己主义者，不过这些例外并不仅是例外。

威廉·拉佐尼克评论说从第一次世界大战结束到20世纪70年代末董事会里的主流是将公司营收"保留并再投资"，而如今为了自己和提供支持的股东，主流变成了"精减和分配"，我们已经从价值创造转移到了价值攫取。拉佐尼克是对的。1956年，当我在荷兰皇家壳牌集团开始工作时，我记得很清楚，在第一个星期培训的开幕式上，一位董事会成员对我们这些职场菜鸟说："我们是世界能源供应体系的重要组成部分，我们的工作是满足客户的需求，并确保未来的长期业务。我们需要获得持续的利润为未来提供资金。我们也以股息的形式给我们的股东支付租金（因为使用了他们的钱），租金中包含了风险溢价，虽然在我们公司这种溢价很低，但我们希望这样保持下去。"我想知道他今天是否还会说同样的话。

那些处于"玻璃塔"顶端的人肯定会认为他们的技能和天赋与他们所获得的奖励是相匹配的。古希腊人把这称之为"傲慢"，而我倾向于把它翻译为"过分骄傲"，这通常出现在衰落之前。一些基本的事实表明，公司可能比我们所知道的更接近衰落。布鲁金斯学会（Brookings Institution）最近的一份研究报告发现，存续时间在16年及以上的公司在美国的经济活动中占比为34%，20年后将高达50%。企业存续的时间更短，新进入的企业更少，这预示着未来前景惨淡。现在美国的上市公司比15年前少了50%，世界上的其他国家与此类似。这份布鲁金斯学会的报告得出的结论是，至少在美国，企业越来越老化，越来越臃肿，也越来越少。这是我们所有人都要关注的问题。

我们可以放心地把我们的未来交付给这些庞大、老化、臃肿和自私的组织吗？是不是应该回归到之前的观念：把企业当作一个负责任的社会团体，对其中所有的成员都给予应有的关注，并且核心目的是通过持续的自我完善和投资以达到基业长青？我曾聚焦于美国，因为这是企业资本主义最发达的地方，但其他经济体中同样的趋势也是非常明显的。欧洲大陆因为其更严格的治理结构，在更大程度上依赖于银行进行长期融资，所以受到的影响会小一些，但即便在这里，股东价值模型的诱惑和压力也可以感受得到。

我们对于公司有着错误的理念，公司不是股东、债权人、董事的产物，而是一个与所有在其中工作和与之相关的人员的一个联盟。它是一个社区，集合了一群为共同目标而在一起工作的人。奇怪的是在这个对于人的一生如此重要，事关人们幸福的领域里，公司仍然在法律上把它的员工作为一个赚钱的工具。现在是时候把那些"工具"给释放了，这不仅是为了他们自己的利益，也是为了组织的健康发展。自由的人不喜欢成为别人的工具，他们中的佼佼者要么会拒绝加入这样的机构，要么会为他们所牺牲的权利索取高昂的代价，这样的人会越来越多。孔子曾说"君子不器"。1891年，教皇利奥十三世（Pope Leo XIII）在他关于"资本和劳工的权利和义务"的新通谕中说"滥用人们，好像他们是追求收益的工具，……真是可耻的、不人道的"。可惜，人们对此充耳不闻，更糟糕的是，许多人对这种自愿形式的奴役乐在其中。120多年过去了，是时候让我们最终关注这个问题了。

如果我们把公司当作一个社区而不是一种财产，那考虑随之而来的影响将会非常有意思。没有人能拥有一个社区，尽管他们可以资助它，也可以占有一定股份；反过来，社区的成员属于社区，但不归社区所有。单从"公司"这个词的字面意思来看，他们是同伴，更确切地说是公民，而不是雇员或"人力资源"。是公民就有责任以及权利，有些人的利益是与公司整体密切联系在一起的，或者至少是与他们所在的特定运营单位联系在一起的。公司董事会，应该为公司、身处公司中的所有公民以及公司内外所有相关利益团体的未来负责，而不仅仅是对投资人负责。这样就会把公司带回到符合公司法的恰当解释中，而这将使得公司与一个民主社会更自然匹配。

一个企业团体应有的责任，当然是为整个社会创造财富，为客户提供他们所需要的商品和服务，以公平的价格为那些在企业里工作的人提供就业以及一种生活方式，同时不对企业周边的环境造成伤害。换句话说，企业应该以最可能的方式完成自己的工作，不仅为自身的利益，也为所有的利益相关者的利益，并且只要有可能就应该这样持续下去。

之前人们被迫唯利是图，把自己卖给价钱出得最高的人，受雇于一些项目，在不需要时被踢开，把忠于自己摆在首位，然后忠于自己的项目，最后也是最少的，才忠于所在的组织，那么我们就要培育公民文化以及由此包含的一切，而因此带来的文化变化将是资本主义迫切需要的第二条曲线。有些人或许会说这只是在字眼上的吹毛求疵，但词语本身很关键，它们会引导人们思考内涵。词语的改变会让人们开始改变想法，然后改变行为。

一家由公民组成的公司会是什么样子的？它在哪些方面与众不同？这些是下一章要讨论的问题。

The Second Curve:
Thoughts on Reinventing Society

第 8 章

公民组织

企业应该更民主吗

"为什么他们不能更像我们呢？"演讲者是一所大学的副校长，她正在回应我的观察，那就是大多数大企业似乎将要因为其僵化的体制以及无法驾驭员工在追求事业时所带来的能量和热情而垮台了，除非它们可以找到一个更好的方式来解决组织中所属人员的治理和管理问题。毕竟，我们把企业称作"公司"就意味着其中的人员应该是同伴，而不仅仅是雇员。

我大学时期的朋友也持有这一观点，虽然当我把它转述给一位公司高管时，他的回应是"那么，上帝帮助我们所有人"，这只显示了企业里民主的前景离我们是多么遥远，但我是认真的。大学里有一些东西值得企业学习，正如企业里也有一些值得大学学习的。大学是人类知识的宝库，而且把其中统筹资源和运行制度的关键员工视为成员，而不是雇员。大学实际上是自治的，并不从属于任何人，即使在很大程度上它们是由国家资助的。它们制定自己的目标，并衡量自己的成果，只对自己、学生和愿景负责。它们是互助组织，尽管它们从不这样自称。如今企业也是一样的，虽然它们不愿意承认，企业的雇员可能是它们的主要资产，但这并不意味着它们只是在需要时被使用的人力资源（一个令人沮丧的词组）。他们理应被视为个体、公民，而不是臣民。

第8章 公民组织

在大学这样的组织中，民主也是不得已的。大学的关键成员——教师敏锐地意识到他们是组织中唯一真正的资产，而组织没有资源来购买它们的民主权利，尽管大学有时候很想这么做。奇怪的是，或许有一个模型是适用于这种方式的，在鼎盛时期的雅典城邦可以发现这种所谓的民主原型，在那里，人们从一开始就把自己当作公民，而不是臣民。虽然简单地复制历史是轻率的，但我们可以从过去的模型中学习。首先来看看这些事实：在其独立存在的近200年里（当然这是许多组织都梦寐以求的寿命），雅典人打赢了主要的战争，建立了又失去了一个帝国，遭受过失败，也面临过组织危机，但他们的自治民主让他们一次又一次重新崛起，恢复繁荣并扩大他们在创新和文化方面的声誉，我们仍然记得他们的组织，比任何昔日的商业帝国都值得讲述。

大学中的公民身份，犹如在过去的雅典，是受限制的。在雅典的例子中，公民身份只被授予雅典本地出生的有财产的男性。大学的终身教职是充分享有公民身份的标志，但只有那些被认定为有价值的人才会被授予。在这种情况下，这些人成为了公民，作为对这一特权的回报，他们将会为大学以及他们自身考虑，这是公民身份的矛盾，需要一个人去平衡自身利益与对团体的贡献。就像在雅典一样,大学里每一个公民通常都属于一个较小的群体、部门或者更大的院系机构。重大决策是由全体公民的会议批准的,这通常被称为"大学理事会",它像立法会一样运作,类似于雅典议会,所有公民都有权参加,虽然大部分人都对此不上心。然后由一个较小的执行机构管理日常事务,管理的角色通常是轮换的,跟雅典一样,院系的院长或负责人在回到学术任务前有固定的服务期限,其他带薪工作人员不是教职人员则不能投票,也许他们应该有权参与,否则他们就相当于雅典的女性,可以在家而不是在公众场所发表自己的言论;甚或像古希腊的奴隶,根本就没有任何权利。

结果并不总是像期望的那样和谐而高效。制定决策可能是一个缓慢和沉闷的过程,虽然最终的结果不一定更糟,但个人的日常安排会阻碍会议进程,小群体可以抑制也可以鼓励创新,而公民的安全感可能进一步促进了谨慎和保守主义,而不是勇敢面对新愿景,就像导致雅典衰亡的做法一样。同样,对于理事会的过度自信会导致自负的冒险或战略上的过度扩张,就像雅典人命中注定的、在劫难逃的在伯罗奔尼撒战争(Peloponnesian War)中的西西里岛的冒险。矛盾的是,也许民主需要强有力的领导力才能运行良好。雅典的全盛时期就是由克里斯提尼

(Cleisthenes，古雅典政治家）或伯里克利（Pericles，古雅典政治家）领导下的时期，他们都具有远见和说服能力，而不是对他们的同胞颐指气使。

在大学里也一样，只有一个强大而广为接受的领导才能使公民团结在一个共同的事业上，他需要超越个人或团体的议程，还需要说服人们为了共同的利益做出一些牺牲。否则，不作为的挫败感会导致派系分裂，就如雅典的政变未遂一样。雅典在败给斯巴达人之后没有找到自己的第二曲线，从而步入了一个长期缓慢的下降过程中，但雅典的公民参与模式持续了200多年，许多大学可以与这个记录持平，甚至超过这个记录，这跟第1章中提到的大多数上市公司目前14年左右的寿命相比，已经相当不错了。

自治国家的雅典模型令人印象深刻，但一所大学并不是一个国家，更不用说一家公司。大学不能拥有其职工的整个人生，也不必期待他们永远在这里生活和工作。他们可以希望在组织崩溃时有继续生存的能力。他们的承诺和参与相对较少，特别是当组织可能被它之外的人拥有，他们对员工的照顾责任被欲望限制时更是如此，而且在很多国家假定的法律义务是首先要考虑自己的利益。不过，帮助雅典繁荣发展和持续生存200年沧桑岁月的理念确实与现代世界的企业社区有关。

在公民友好方面，自愿团体比很多企业做得更好。与大学一样，它们的公民是其关键资产，这就很容易理解为什么它们喜欢参与所有决策了。他们由宪法选出议会位于管理委员会的位置，并让他们对其负责。对他们而言，非常清楚的是，客户是第一位的，财务只是手段而不是最终目的。这从他们的年度报告里可以看得很清楚，通常年度报告开始就会记录如何围绕他们的客户或事业履行了他们的责任，财务状况放在报告的后半部分。而在企业的年度报告中通常是另一种方式：财务结果摆在第一位，顾客和员工在第二位。

企业基于一些合理的考虑回避了大学的这种参与模式，认为这样过于缓慢和烦琐。然而，它们仍然必须面对它们的主要资产，也就是企业内公民日益强烈的需求。实际上，企业已经通过提高工资、奖金和股票期权的方式买下了它们的关键人物的公民权利，通过这种"收买"的方式让他们默认了"统治"，变成臣民而不是公民。采取这种"唯利是图"的方式代价是非常昂贵的，而且通常只在短期内有效，因为这些人力资产会持续抬高价格或去他处。无论喜欢与否，企业和其他组织都必须找到在不牺牲效率或战略愿景的前提下把公民意识纳入其中的方式。

为了让企业思考，首先需要让企业看看关于在大型组

第 8 章 公民组织

织中员工的参与水平的最新发现。事实不容乐观：80% 的人都说他们并没有真正参与组织的工作。正如一位法国的 CEO 所说："员工只是露个面，然后回家。"员工到公司只是为了工资。更糟糕的是，那 80% 的人中有 1/4 是心不在焉的，而且一旦被激怒的话，就会随时激活他们潜在的负能量破坏工作，只有 20% 的人积极参与并对工作负责，甚至在有些调查中，这一数据低至 13%，剩下的这么多人把醒着的大部分时间都用来走过场，这真令人难以置信。我们需要重新思考我们设计组织的方式，要让组织中的人们更多地参与到工作中。让一个积极的公民工作在民主的组织结构中，这是我们需要的一种新曲线。有些新迹象已经开始显现，在英国互助组织每年以 9% 的比例增加，超过传统企业 7 个百分点，而互助组织作为一种创新形式，也是公民组织的一种。

真正的出路也许在于，不去模仿大学或古雅典的具体做法，而是用一种更政治化的组织观梳理内在的可能性。比如它们可以尝试赋予公民权利，并将其作为一种更安全的方式使个人与组织结合在一起。这是欧盟社会立法所遵循的路径，并且已经在所有的中大型组织中引入了工人的法定权利，包括：最短休假时间、亲子假、对不公平解雇的上诉权，以及在某些情况下对员工工作有影响的重大决策,有权知晓并商议。一些组织更进一步,开始推行它们提倡的"开卷管理"(open-book management),把所有的信息对组织中的所有成员开放,并提供相应的说明。就像在雅典,透明度被视为建立信心和信任的一种方式。

再进一步,就是赋予终身雇用的员工同那些签订了"无限期合同"的员工和股东一样的投票权利。也许可以把固定比例的表决权以非流通但有表决权的股份形式分配给员工,让他们在关键决策上获得有效的话语权。或者,关键决策可能需要得到大多数终身雇员的批准。如果按照目前组织的趋势继续下去,这可能不会太麻烦。为了保持灵活性并降低成本,组织在每一项活动中都可以引入外部人员(他们的身份并不重要)。如果在某些方面有人能比自己做得更好,那就应该花钱请他们来做,只要他们不在你的全职工资单上也不占办公场地,比如在餐饮、物业管理、会计、计算机甚至人力资源方面。这样组织就可以只保留自己的核心员工,即那些可以真正被称为组织里的成员或公民的人,把那些派遣性质的员工留在组织之外,他们是必要的,但不包含在组织之内。

还有企业做得更多,把它们的真实股份授予员工,创建了一个员工所有的组织,就像英国的约翰·路易斯(John Lewis)一样,员工股份可以参与年度分红,但不能

第8章 公民组织

交易。其他一些公司将员工股份纳入一个信托基金，享受分红但没有个人投票权。其他企业还可以更进一步把股份分给它们的客户，就像传统的建房互助协会那样。总的来说，在参与的需求和有效的管理之间需要一个妥协，从而产生了上面提到的有限的公民身份。

我过去曾把这种新兴的组织形式称为"三叶草组织"。

爱尔兰国花三叶草（shamrock）与四叶草（clover）不同，只有三片叶子。在我的概念里，中间那片"叶子"是由核心员工组成的，他们共同拥有组织的核心知识和管理技能以及那些成就组织的关键因素，管理思想家加里·哈默（Gary Hamel）和后来的普拉哈拉德（C.K.Prahalad）将其称为核心竞争力。第二片"叶子"是二级组织，组织把一些附属工作外包出去。第三片"叶子"是临时雇员的组合，其中一些是高技能人士但全职雇用他们太贵了，另一些是低技能的临时帮手。把叶子组合在一起的"茎"就是管理，三片"叶子"之间的精确平衡取决于每个组织的具体需求和情况。大学严重依赖中央那片"叶子",许多小型咨询公司会在第三片"叶子"中运行一个小中心,聚集一群自由伙伴。一些组织做得过头了,让第二片"叶子"承担了太多的功能,从而失去了对其工作中一些关键方面的控制。

在公民模式中,只有那些处在"中心叶片"的人会获得公民身份及其所有的权利和责任。因此,三叶草的精确形状和平衡是任何组织的关键的决策,无论是大学、志愿组织还是商业企业。它们无法承受慷慨地随便授予公民权利,但它们需要的是与公民权利相伴的承诺。通常大学会等到人们证明自己的时候才把终身教职和长期合同奖励给他们。对于"三叶草"式的企业而言,一个关键问题是股东的地位。他们不是,也不能是"三叶草"的一部分。把这个比喻再延伸一些,最好把他们当作肥料和播种机,虽然很重要但是外部的,但投资者不是合伙人。作为投资者,他们目前唯一的权力是选出公司的董事。在一家公民企业中,投资者将不得不与公民团体分享这些权利,他们自然会抗拒,但随着时间的推移,他们将不得不接受这一事实,那就是贡献了自己的知识、技能和精力的员工在影响公司决策方面,与那些借钱给企业的人有着同等的权利,况且在大多数情况下,那些人只是在交易公司的股票而已。

第 8 章 公民组织

公民身份是民主的核心。奇怪的是，现在英国仍然称它的人民为臣民而不是公民。或许英国的组织将会率先在理念上有所突破，这是为了确保它们在这个"唯利是图"的世界里生存下去。如果它们这么做了，那它们将和职场新人类一起共事，这群人在成长过程中受到过去30年家庭新的结构变化所带来的影响。迈克尔·麦科比（Michael Maccoby），一位精神分析学家和著名的领导力权威，已经阐述了由于现代的双职工家庭或单亲家庭在孩子早期的日常护理方式上产生的影响，造就了拥有更具互动性的社会性格和天性的年轻人。他们已经学会了更多地依靠自己的同伴群体而不是父母，同时他们对获取各种信息的自信会让他们更乐于挑战权威，成为掌控自己人生的自由职业者。

麦科比说，这群人习惯了共享式领导，从小把父母当作提供服务的人而不是权威，而且早就学会了谈判技巧，因此他们在质疑或反驳权威时驾轻就熟。他们在早期教育中学会了互动的技巧，所以他们喜欢以小组的形式工作、解决问题并进一步发展这些技巧，由此带来的结果就是他们只会尊重那些尊重自己的领导者。他们通常比自己的老板更了解工作，也更善于利用社会和信息技术，这是一群苛刻的却又有趣的同事。总之，他们认为自己是非常独立的公民，而不是臣民，不太容易适应一个官僚体制强加的权威。虽然并不是所有的新生代都这样，但这也确实描绘出了我们希望在"三叶草"组织的"中心叶片"中碰到的那些有天赋、充满自信的年轻人，他们对组织的未来至关重要，而且这类人也会重视公民企业并从中受益。

尽管如此，光凭公司本身是不太可能采取任何形式的变革转向公民模式的，因为它们害怕由此带来的失控。但隐患是，有一天它们会发现原来的曲线早就"见顶"了，他们不得不面对不情愿的员工以及盈利能力的下降，而这时候再转变思维就太晚了。过去的经历又一次成为公司新愿景的障碍。改变将会到来，如果这样，新的组织将由麦科比所说的那类人来领导，而他们也会把组织改造得让自己感觉更舒服。因为组织或社会的第二曲线很少由那些负责过第一曲线的人所领导，这很令人伤感，但这是事实。

The Second Curve:
Thoughts on Reinventing Society

第 9 章

新 管 理

是什么？它该如何实施

在穿过伦敦最大的一家百货公司时，我在卖亚麻制品的区域停了下来，看着那些数不清的毛巾、床单、被罩，各种型号和颜色应有尽有。它们都是怎么来到这里的？谁下的订单？谁决定了产品系列、数量和型号？谁负责运输、定价，并把它们摆放到货架上？当然，这是由许多不同的人完成的，他们中的大部分彼此都不认识。总之，这是由一个精心设计的管理系统产生的结果，它让不同的人一起完成凭一己之力无法完成的事情。想想也真是神奇，虽然我们并不认为这一切理所当然。然而我们看到，神奇的事情每天都在发生，而且无处不在，在火车和飞机的旅途中，在我们收看的电视节目中，在我们使用的汽油和购买的食物中。所有这些相关联的信息我们看不见或未注意，但它们组合在一起提供了我们的所需所想。这种神奇也并不是一直运转良好，但大多数时候表现卓越。

这就是为什么"管理"这个词相比于那种神奇而言令人生厌，但对现代经济至关重要。大组织都依赖于管理，我们像顾客一样都是如此。管理界的超级大师彼得·德鲁克（Peter Drucker）把管理称为社会中看不见的中央资源，由此造就了20世纪。正如他所指出的那样，我们生活在一个组织经济中，一个仍然由商业"大象"占据主导地位的经济，而我们大部分人在组织中工作。那么，如果管理

第 9 章 新 管 理

如此重要，在其最好状态时取得的成就简直堪称奇迹，为什么在很多时候有这样的坏名声？再来引用德鲁克的话："为什么这么多管理反而让人们感到工作困难？"同样疑惑的还有记者西蒙·考尔金（Simon Caulkin），他问道："为什么管理者还在建立适于 20 世纪初期大规模生产的，基于层级制、标准化和合规性的组织，而不是灵活的、以人为中心的组织？在后者这样的组织中，技术并不是威胁，而是员工和客户的伙伴。"关于管理是什么以及管理该如何运作的旧观念已经走到了尽头。大规模生产型的组织从理论上看很好，但在今天的现实世界中却远不是这样的，构建它们的代价太大了，人们在里面工作也太累了，它们太麻烦、太复杂，而且往往太庞大了；并且组织内还存在一系列困惑，我想我们需要一条关于管理思想的第二曲线去解决这些困惑，并提供一个新模型。

第一个困惑是管理和领导之间的相似之处。管理或许是把社会和组织结合在一起的黏合剂，但是领导决定他们去向何方以及与谁同行。我所尊重的导师和长期以来在领导力方面以学生自居的已故的沃伦·本尼斯（Warren Bennis），曾说："领导者是做对的事情，而管理者是把事情做对。"我还要再加上一个区别："管理"这个词我们常用来描述系统或事物的组织，而"领导力"这个词我们通常指的是人。想想看,在那些通常把人当作主要或唯一资源的组织中,比如大学或专业团体,通常用校长、院长、合伙人或者我曾经担任过的"监察"来命名其中的高级职位;然而在把系统作为关键因素的领域,比如餐饮、交通或基础设施行业,则把这些统统称为经理。

我们使用的词汇又一次塑造了我们的思维方式。管理语言是工程学的语言,它把人们看作被使用的人力资源,把组织看作可以精确调整、控制和定向的机器。尽管没有人喜欢自己被管理,但他们从不觉得被人领导是有损尊严的。这是因为领导者意识到人们都是有自己思想的个体,他们需要被说服、激发和引导。领导者谈的是愿景、使命和激情,而管理者关心的是目标、控制和效率。管理者依赖于被授予的职位权力和行政权威,而领导者则需要靠自己的努力去获得那份权威。

对每一个组织而言,管理和领导两者都需要,但都要用在正确的地方。管理太多,领导太少,会打造出调查中突显的那种组织的混乱。另外,组织赖以运行的系统需要良好的设计和管理。而那些设计好的管理系统要高效运作的话,必须要由领导来提供核心和能量。不幸的是,大多数时候,对官僚制度的需求占据了绝对的主导以至于对领导者的需求被忽视了。比如我们不会说去领导一个官僚机构或一个系统。然而必须强调的是，组织是一个社群而不是一个机器，机器需要管理，而社群需要由管理支持的领导。

政治历史学家贾尔斯·雷迪斯（Giles Radice）在他的近作《奇怪的组合》（*Odd Couples*）中，调查了在历史上不同时期管理国家的奇怪组合。他审视的第一对组合是丘吉尔（Churchill）和艾德礼（Attlee），他们共同领导了在第二次世界大战期间统治英国的大联盟，他们两人彼此需要对方：丘吉尔是伟大的说服者和梦想家，艾德礼是实施者、赋能者和天生的主席。他们两人都是必需的：丘吉尔显然是领导者，但缺乏管理者的领导人是无效的；艾德礼建立并维护了保持国家运行的系统，在这个意义上，他是管理者。曾经在被问及丘吉尔做了什么来帮助赢得这场战争时，艾德礼说"他只是谈论它"，当然他起到了重大作用。有趣的是，当艾德礼在战争结束成为首相后，保持着管理实施者的角色，允许他内阁中的巨头贝文（Bevin）、比万（Bevan）和莫里森（Morrison）来扮演说服、领导的角色。他们是智者，知道自己的才能和局限，很少有人能同时做好领导者和管理者的角色，尽管这两者都至关重要。政界和商界的成功管理者，往往在晋升到领导者的角色之后才发现，尽管他们过去对于系统和细节把握得很好，但这远远无法替代当前他们所需要的在领导力方面的远见以及说服的能力。

一个没有实施者做支撑的领导者也很可能失败。我永远记得一个朋友为了庆祝他的生日而安排的那场盛大的健步走。我们分为两组，并约定在一个遥远的村子里会合吃午饭。"我知道路，"我们组的一个成员，一位杰出的大使说道，"跟我来。"他大步往前走去，而我们还在彼此交谈。当我们抬起头时，他已经消失在森林里，看不见了。他需要有人做执行者把我们聚拢并组织起来，没有追随者的领导人是没有多大用处的。

关于领导力已经有太多的著述，而其中所涉及的东西有必要再重复一下。对我而言，这些可以总结为一句话，这句话是我之前听到的给一位想成为领导者的朋友的建议："了解你自己，了解你想去的地方，了解你身边的人，保持谦逊并倾听。"其他的一切都会水到渠成了。每当讨论领导力的时候，伦敦工业协会的主席约翰·加内特（John Garnett）的智慧之言就会回响在我的耳边："如果你关心他们所关心的，他们就会关心你所关心的。"确实如此，但知易行难。有些人具有领导天赋，但有时被他们自己的热情感染而失去自制力，就像丘吉尔的出现可能是一种偶然。最好的领导者都会越加成熟：有些是咋咋呼呼、精力旺盛、冲在前面，而有些则是安静的团队建设者，只是别指望他们也同时都是管理者。

　　第二个困惑存在于信任和控制之间。信任更省钱但控制更安全，或许我们是这么认为的。我过去的一位同事专注于团队管理，研究如何让团体工作更有效率。他辞职去完成他长期以来的梦想：经营一家餐馆。一年多以后我见到他。"在你自己的企业里把你的管理思想付诸实践，这肯定很棒。"我说。"是很有趣，"他答道，"可实际上，我并没用到那些东西。我发现只要在开始找到对的人，他们知道该做什么，然后自己就把事情办好了。"吉姆·柯林斯（Jim Collins）在他的著作《从优秀到卓越》（*Good to Great*）中写道，成功的企业"很少花精力去管理变革，激励员工或建立联盟"，它们不需要这样做，因为它们的员工知道自己在做什么并且愿意把它做好。我们可以称之为没有管理者的管理。

　　我很幸运，我在荷兰皇家壳牌公司的第一份正式工作就是作为经理负责在婆罗洲砂拉越的营销公司，砂拉越是个面积相当于英格兰大小的乡村，30公里之外才有一条柏油公路。那时我25岁，对于管理、石油、市场营销和砂拉越几乎一无所知，有太多东西需要学习。那是1958年，我的位于砂拉越首府古晋市的办公室与位于新加坡的总部之间几乎无法联系，一周一次的信件成了最好的沟通工具，我的主管也很少过来，他们别无选择，只有相信我。一开始这很可怕，因为我无法求助任何人，但在犯了一个又一个错误之后，我发现了一个优点：每当我意识到错误的时候，可以立刻纠正过来，并且是赶在总部发现以前。我成长得很快，不久就能在规定的时间和规定的预算内完成任务，并且保持着公司所知的无污点纪录。如果他们更严密地监管我，那么我将毫无疑问地受到斥责甚至被召回。他们对我的信任是冒了一定的风险，但也更省事儿，对我而言无疑收获更大。

现代信息系统在实时和无所不包这两个方面并不全是优点，这意味着人们可以对运营每一步的所有细节保持密切关注，但若是不加选择地使用，就会抑制主动性并滋生怨恨和不信任。有人估计全球有2700万名员工在使用互联网时被监控，没有人愿意自己时刻被审视。人们被太多的规则和制度所包围，这让他们停止了自己思考。如果某件事是被允许的，那就一定是没问题的，正是这种思维导致了过去许多银行家的行为虽然合法但不负责任。我喜欢路过的那家百货公司，每一个售货员都携带一张卡片放在胸前的口袋里，上面有公司的规章制度："做任何你认为正确的事"。这个简单陈述对于那家百货公司的招聘和培训的影响是值得深思的。信任并不是免费的。另外，控制系统以及随之而来的监督者也需要花钱。如果谨慎使用，

第9章 新管理

并且设计成只筛选出异常情况，那么自动信息系统就是一个令人放心的管理工具，但人们必须小心对任何工具过度使用的诱惑。

第三个困惑是效率和效能之间的差别。它们本该是一样的，但在实践中却表现不同，效率是从输入端开始的，而效能则主要看最终结果。正如彼得·德鲁克所说的："没有任何一份高效完成的工作是无用的，否则意味着那是根本不应该做的事。"反过来说，我认为，不做有些应该做的事情，因为花费过高并且可能效率更低。由于被要求提高效率，英国的监狱系统不得不削减成本，它们因此把认为非必要的活动都砍掉了，以便把安全保持在必要的水平上。这么做是有问题的，正如新闻记者兼博客作者西蒙·考尔金所指出的，非必要的活动包括教育和园艺等，而这些已经被验证过是预防犯人出狱后再犯罪的最有效的方法。换句话说，为了提高效率，节省下来的钱导致更多的囚犯返回监狱，从长远来看反而是增加了成本。如果他们换个角度思考，参考长期效果与监狱管理体制相关的依据，可能会做出不同的决定。

提高效率的愿望是可理解的，但导致了组织收紧活动并削减成本，这样留给计划外或未协调的行动的空间就更少了。如果个人或团体发现因为事先没有得到许可，所以无法行动,那么其主动性就会得到抑制。这会导致混乱。组织的核心层担心丧失动力,从而要增加控制,变得更加中心化,而个体单元不满被遏制会放弃尝试。恰恰在需要更多、更好的主意的时候,效率变成了创造力的敌人。提高效率的压力也导致了有些人开始主张"还原论",这种观点认为整体只是部分的加总,把一个系统拆分成独立的单元并进行优化能得到最好的结果,而这最终可能导致部门间相互连接的复杂网络,以及交易时间和交易成本不可避免的增加。"还原论"或许在工程领域是有效的,但在组织中却是一种危险的谬论。如果你想验证的话,可以试试让你的提案由所涉及的12个不同部门都核查一遍。

对于那些由于效率和效能的冲突而深感挫败的人,我建议他们试试"甜甜圈"思维。在我看来,所有的工作和团队项目,都是"甜甜圈"状的。

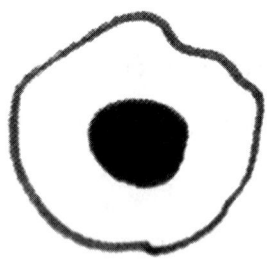

这是一个英式的甜甜圈,果酱夹在中间的那种。果酱代表了个人或团体所要求的工作的核心要素,如果这些

第 9 章 新管理

无法实现，你和你的团队就将面临失败。但除了规定的核心要素之外还有其他因素，果酱的周围还有面团，这是留给新举措的空间。效率不喜欢这些空白，所以会规定好内容，从而把更多的空间纳入核心部分。在极端情况下，整个"甜甜圈"都是核心，每个行为都是规定好并可以预见的，比如在许多呼叫中心，操作员完全受制于他们在屏幕上看到的内容。下一个阶段不需要操作员而由计算机来操作，从而由核心层实现完整的控制，但这也导致了完全不会有出乎意料或富有创意的举措出现。效率将会扼杀个体的创造力和主动性。

  首选的解决方案是妥协。组织的中心控制了核心工作并且划定了"甜甜圈"的外层，对主动创造的范围进行了限定，但仍然给个人或团体留下了创新的空间。那么，组织该如何确保那些主动创造的行为都与组织目标相符？只能相信个人或团体对公司目标及相应的价值观的理解，凭直觉知道什么是该做的正确的事。对于这一情况，正如我之前所提到的，领导者必须确保他们的宗旨、目标、价值观和关于成功的标准得到了很好的理解，并且所有关于成本和盈利的必要信息都可以提供给那些涉及的人。还有一点非常重要，那就是确保那些个人和团体具备填补"甜甜圈"所需要的能力，并通过他们过往的记录来证明他们是值得信赖的。"甜甜圈"式的管理要求在员工发展上进行投资，短期来看可能会显得昂贵，但最终信任还是比控制要廉价。在"甜甜圈"文化中，评价一个人看的是结果而不是方法，看的是效能而不是效率。效率应该是仆，而不是主。

新技术现在可以同时让效率和效能都有效。在一些呼叫中心，技术被用来减少操作员的自由裁量并增加控制，或者只用来监测结果以及披露必要的数据，这样可以促进个体的主动性。一些商业组织把"甜甜圈"模式用到了极致，有效地授权个体单元经营自己的生意或开辟新领域，但如果需要投资，它们仍要得到企业批准。一些企业，比如戈尔公司（W. L. Gore）、Semco 公司等，已经通过这种方式运作很多年了。最近，中国的海尔，一家生产家用电器的龙头企业，把这当成了其组织哲学的核心。海尔的创始人和老板张瑞敏从 2009 年开始拆除公司的层级结构，现在有 2000 个自我管理的团队。任何一个员工都可以通过检查客户意见和市场信息形成自己的新想法，比如一个新的设备模型或者现有模型的一个新功能。如果通过了管理层的批准，员工可以创建和管理自己的团队来实施这个项目。当然，这需要说服专业人员贡献出自己的时间，但团队成员有权分享最终获得的一部分利润。2013 年，张

第9章 新管理

瑞敏让16 000名员工摆脱了旧的层级结构，现在他和一小群高管密切关注着这个事实上的小型企业联合会，或者用我的话说，"甜甜圈"。似乎有更多的中国企业正在运行"甜甜圈"模式，它们通常允许许多创新项目的存在以争取客户，从而把客户拉入这个创新的过程中。来看一个更大规模的例子，沃伦·巴菲特（Warren Buffett），他是通过这种理念来经营企业的大师，他的伯克希尔-哈撒韦公司，总部只有24个人，却监管着80家子公司和总共270 000名员工，这其中会有一些大的"甜甜圈"，但核心思想是一样的：通过信任和结果来管理，而不是靠控制与过程。

"甜甜圈"模式还帮助解决分配和授权的难题。把某些专项任务分派给员工并监管他们的交付物，这不是真正的授权。授权是将一个工作领域的责任移交给员工，并使这个工作过程由参与其中的人来决定，这是一整个"甜甜圈"。换句话说，"要做什么"这一核心已经规定好了，但留出了空间让他们来决定最好的完成方式。人们在接受责任的时候往往会沮丧地发现，自己接受的只是一个分配的任务，或者说是一个填满核心的甜甜圈。

"甜甜圈"要靠信任和互相合作才有效，这就限制了规模，因为人们不可能信任或依赖自己不了解或从未见过的人。那多大的规模算大呢？牛津大学的罗宾·邓巴

(Robin Dunbar)给出了一个数字,在仔细分析了多年来关于乡村社区和军队单位的研究之后,邓巴认为,一个人在同一时间内只能与大约150人保持联系。来自Facebook社区的最新证据也支持这个数字,这也是我建议的一个"甜甜圈"模式的上限,当然肯定是越小越容易些。我曾经说过,领导意味着了解你的追随者。如果涉及太多的人,就意味着有太多的人需要去了解、去信任,这是很难做到的。"甜甜圈"模式的设计是一个优秀管理系统的重要组成部分,而"甜甜圈"领导力则是其效能的关键。英国军队的组织是基于"甜甜圈"模式的,一个步兵营的基层排有3队,每队8人。每个排的指挥官都足够了解他手下的所有士兵,并在战斗情况下能依靠他们。这些年来,尽管科技发生了根本性的变化,但这种组织安排在各种情况下都被证明是成功的。

随着时间的推移,各种各样的组织变得越来越复杂和混乱,它们寻找规模经济,并通过更复杂的系统,比如复杂的层级结构和多个协调小组来寻求控制。在大多数时候,通过这种方式得到的效率都弥补不了在工作中失去的热情、能量和主动性。是时候抛弃旧思想,并开始思考一个更简单的第二曲线(关于把工作和工作场所组织起来的方式)了。最后,我相信优秀的管理本质上只是一些常识，只不过人们不常用罢了。在面对与你一起工作的同事时，如果多一些兴趣，多一些得体的谦逊，多一些倾听的意愿和期待他圆满完成工作的愿望，你就具备了领导力。我将其称之为"甜甜圈"理念，因为我相信图像往往比文字更有力量，更让人难忘，而且不那么咄咄逼人。甜甜圈是日常生活中司空见惯的东西，管理也应该如此。

The Second Curve:
Thoughts on Reinventing Society

第 10 章

庞氏社会

我们是否沉浸在债务中？后果是什么

第10章 庞氏社会

在查尔斯·狄更斯（Charles Dickens）的小说《马丁·翟述伟》（*Martin Chuzzlewit*）中，蒙塔古·蒂格（Montague Tigg）在根本没有资金的情况下开办了一家保险公司，英裔孟加拉贷款和人寿保险公司（The Anglo-Bengalee Loan and Life Assurance Company）用后期投保人的保费支付早期投保人的索赔。不知道美国的查尔斯·庞齐（Charles Ponzi）是否读过狄更斯的这本小说，但他自己谋划的基于国际预付回信邮资券的套利遵循了同样的原则：把新的收入转移给早期的投资者和自己。当1920年骗局败露时，涉及的金额大得惊人，因此人们把之后的类似骗局都以"庞氏"命名。最近，伯纳德·麦道夫（Bernard Madoff）做了类似的事情，近50年来他的投资基金承诺并支付给投资者异乎寻常的高回报。当他最终被自己的两个儿子揭露时，他承认自己的债务高达500亿美元，但他的早期客户没有任何损失。他现在面临的是150年的刑期。

多么奇怪，这种所谓的"世纪骗局"已成为当今大多数社会的普遍做法。以英国的国家养老保险制度为例，英国的国家养老金计划是没有资金的，多数国家都是如此，但最初的设想不是这样的。早在1944年，威廉·贝弗里奇（William Beveridge）曾希望有一个供款方案，人们可以在最后把自己投进去的钱都拿回来。但很明显，一旦启动这个计划就会把现有领取养老金的人晾在一边，所以人们很快就转而采用了"现收现付"模式，类似于大多数其他国家的养老金支付方式，要领取养老金就需要在特定的一段时间内缴纳资金。

养老金的缴纳现在是从当前收入中扣除，领取养老金的人名义上是从他们过去一生所缴纳的资金中领取，但实际上他们的养老金是来自当前在职员工缴纳的养老金以及国民保险和一般税收。这是有点欺骗性的，因为许多缴纳国民保险的人往往会认为他们把钱交给了公共基金，到时候，这将为他们的退休和失业提供保障。但实际上，他们交的钱支付给了之前退休的人，而他们的养老金将来自之后缴费的人。

就像庞氏骗局一样，只要参加工作的人比退休的人更多，那一切都会运转良好，而且比理想中的还要好，因为这会降低成本。但如果缴费的人数产生变化或人们的寿命变得更长，那这种等式就会打破。在过去的这些年里，每6个在职工作的人对应1个退休的人，而且通常人们在70多岁时离世。但如果只有2个在职工作的人对应1个领养老金的人，而且他们能活到接近90岁（据估计这是2050年欧洲的情况），那会发生什么？当庞氏骗局的平衡不再，对所有牵涉其中的人而言都是坏消息。英国的国民保险费已经收了 100 亿英镑，还不及支出。如果把国民保险的名头取消，把一切都纳入一般税收，可能会更诚实和坦率一些。

从个人层面上看，情况也不妙。英国的个人债务水平为 1.4 万亿英镑，这在过去的 10 年中翻了一番，平均每户家庭是 54 000 英镑。这些数据包括抵押贷款，但仍有 950 亿英镑来自信用卡和其他金融信贷。有意思的是，只有 18% 的人认为这是一个沉重的负担。太多的人快乐地过着庞氏骗局式的生活，用明天的钱支付今天的消费，但当他们的收入下降或信贷成本上升，以及抵押贷款再次变得昂贵时，他们就会后悔。这些债务使得在社会贫困水平下的福利体系变得很荒唐，这些收益的一半会马上用于支付发薪日贷款的利息，剩下的还不足以应付日常生活开支，更别提偿还原贷款额了。这是一个生活的陷阱。

企业会告诉你，适度的贷款或者它们所说的资产负债并没有什么不好，它可以让你不需要等待储蓄积累就获得成长。资产负债只是"先消费后还款"的一种花哨的说法，只要产生的收益能超出贷款和还款的成本就行。我们的"家规"是审慎地借款进行投资而不是消费。换句话说，适度的抵押贷款是可以的，但信用卡透支是无底洞。对政府而言也是如此，赤字就像一种透支，只有短期内是合理的。为某项资产融资而产生的债务，就像抵押贷款，是未来的投资。政府可以合法地借钱投资，即使这增加了国家的债务，但只要最终收益盖过成本就行。但政府应该小心赤字（也就是国家透支的过多增长），因为债务的增加也会导致利息支出的增加。当钱很"便宜"的时候，最好去借钱。

　　混淆债务和日常生活中的赤字是很危险的。我们大部分人，包括政府，都依赖现金流生活，只要收入能覆盖支出，就万事大吉了。这是有风险的，虽然通过增加抵押贷款来支付一次度假很诱人，但这是增加债务以掩盖赤字，是透支未来，对政府和个人而言都是危险的。英国政府决定允许领取养老金的人对他们退休的养老金储蓄享有完全的控制，这一决定受到了欢迎，因为它把公民看作是负责任的个人，更重要的是，那些公民意识到了投资和支出之间的区别。在他们一生中的某个阶段只顾眼前利益，把原本该投资于未来的钱花了，寄希望于政府在必要时伸出援手。

　　现实的情况是，任何这样的救援必然是吝啬的。最近的调查显示，英国人希望平均在63岁退休，然后住在海边的一幢房子里，离他们最近的子孙11英里远，然后再活上25年。根据2014年金融技术公司True Potential 所做的调查，英国人预计自己每年需要养老金 23 457 英镑，而迄今为止的证据表明他们太过乐观了。要实现这样的养老金水平，他们每年要存 10 425 英镑，存够 45 年。调查显示，他们去年平均只存了 2 671 英镑，以他们希望的生活标准，仅够 5 年。如果他们想继续享受另外的 25 年就要重新计算。更令人震惊的事实是，今天在英国工作的人们 1/3 没有私人养老金，他们根本没有计算过退休后的生活，显然他们认为到时候会有办法。他们将不得不工作直到他们倒下，或依赖于其他纳税人的慷慨以弥补他们用完了自己的国家退休金之后的任何短缺，但这种慷慨不会是无限的。此外，我们还没有考虑到一个令人震惊的事实，那就是两代人之内我们的寿命增加了 15 年但工作年限却没有增加。我们大部分人将工作 40 年，之后再活 30 年。很快我们会进入所谓的退休年龄，但我们一直在工作。这是一个惊人的想法。

大多数国家都像英国一样，管理着一个庞氏系统，其目的被限制在为老年人提供贫困救济，而不是为退休后的整个生活提供资金。这是一个巨大的误解。国家养老金从未打算为所有人提供舒适的退休生活，只是使人民摆脱绝对贫困而已。过去对于大型组织的雇员而言，情况会好一些。不同于国家养老金，他们还有企业年金，由雇主和雇员一起承担，并且经常和通货膨胀指数挂钩，确实保证了退休后的舒适生活，解决了许多人未来的财务问题。然而，企业年金对大多数组织而言成本太高，并且逐渐被淘汰了，被所谓的福利计划所取代，这个计划里你领取多少与你和你的雇主交了多少有关。该计划要求雇主为每一个员工以最低养老金计划自动注册，除非员工自己选择退出。防护屏大部分已被拆除，每个人都开始靠自己，为自己退休后生活的财务负责，而不仅仅靠国家提供的基本解困养老金。在这种情况下，人们不会幻想当自己需要钱的时候会从某个地方多出来一笔收入。庞氏骗局在生命的尽头无法继续。你自己必须预先发现这一点。

大多数家庭面临的问题是，它们已经债台高筑，没有什么可以省下来用于储蓄了。如果2015年英国的利率升至3%，那么平均每户家庭会将一半的家庭收入用以支付抵押贷款，这还没有考虑其他债务。最简单的方法就是随着时间的推移，通过通货膨胀来减少债务的实际价值。但是，届时政府将通过提高利率来抑制通货膨胀，而这将增加抵押贷款的成本。你怎么都赢不了，这是一个进退两难的境地。

政府也有类似的问题。当然，国家不会死，尽管它们可以破产，像希腊、爱尔兰和葡萄牙就这么做了。但是

第10章 庞氏社会

随着新纳税人的数量下降而领取养老金的人的寿命保持增加，庞氏骗局的平衡开始动摇。对于像德国和意大利这样出生率大大降低的国家，情况非常糟糕。中国和日本也面临同样的问题，而且问题会更大。加上这些退休人员不断增长的医疗费用，这些隐藏的问题看上去似乎就要发生了。

与我们不同的是，政府可以不断地借款，直到有一天没有人想买它们的债券。当然，像美国、德国或英国这样的国家，距离那一天还很遥远。但是越来越多的债务就意味着越来越多的利息支出，因此拿去填补庞氏骗局的漏洞的钱也越来越少。就像普通人一样，从长期来看他们也赢不了。

庞氏骗局的心态在现代社会已经很流行了。人们很容易只顾眼前的利益，让未来自己解决，除非这一切都从未发生。借未来的钱来支付今天的花销变得很容易，这都是那些靠我们的负债来赚钱的人造成的。发薪日贷款、通过将汽车抵押的日志贷款、零售商提供的免息贷款，所有这些都鼓励我们推迟付款并寄希望于最后一刻突然出现的好事。庞氏思维会让人上瘾，而且很危险。我们会失去对生活的控制，按债权人的吩咐行事。政府无法解救我们，我们也不希望政府那么做。事实上，在政府渴望发展经济和鼓励消费的同时，它不太可能试图抑制我们去借钱消费的积极性。是否陷入庞氏思维这完全取决于我们自己，当然，政府也可能会推波助澜。

一种建议是应该将所有的家庭抵押贷款一次性取消，金融家把这称作银行和保险公司的"统一削发"。这可能会引起一些愤怒，但突然释放出来的钱会引发消费热潮、拉动经济，这将会带来一些补偿。国家出台如此严厉的政策的可能性非常小，但可以调整得温和些，比如要求所有的抵押贷款年限延长50%，这是有可能的。

另外，政府可以发挥的更大作用就是帮助人们自律，要求所有的借款人申请任何类型的贷款时提供他们现有的财务状况的细节，这在英国已经实行了，在申请发薪日贷款和抵押贷款时的负担能力测试的要求也越来越严格。这一要求本身就可以提醒人们关注财务状况，并且是人们检讨自己的整体财务状况的警钟，还有包括对长期财务状况证明的规定。光靠审查信用和负担能力是不够的，它们虽然提供了有用的警告信号，但是不能对暴露出的问题提供解决方案，除了告知申请人不能进行此次贷款或购买。这只起到了保护作用，但没有起到教育作用，在这些审查之外还需要更多的财务管理建议，可以为那些未能通过财务审查的人提供免费课程以提高他们的个人财务管理水平，就像在英国，对于违反超速驾驶规定，情节较轻的司机，会让他们选择驾驶执照扣

第10章　庞氏社会

分或者上一天的道路安全课程。如果现在什么也不做，等我们因此而受到教训时，就太晚了。

从更根本上说，既然人们的寿命变得更长了，大多数国家需要彻底地反思他们的终生财务规划。一个可能的第二曲线是遵照新加坡的做法，对其公民保持一定程度的谨慎。新加坡的中央公积金以员工的年收入为基准，雇主缴纳16%，员工缴纳20%，这笔钱由政府进行投资，个人可以有条件地提取用于退休后的生活、购房、医疗和购买保险。这是属于个人的钱，政府只是替他们守护着，如果他们永久离开新加坡的话，也可以带走自己的钱。同时，它也是政府的一种资金来源，这其中不存在任何庞氏骗局。有意思的是，这种方式是1955年新加坡被英国殖民管理时引进的，当时的新加坡是一个新兴的弱小国家。像贝弗里奇计划，可能需要多年才能运转自如，但当前的国民保险和企业年金可以合成一个修改版的"新加坡基金"，它会让每个人都更清楚他们为未来储蓄了多少钱，这对于"自我负责"而言非常重要。正如在本书中列出的每一种第二曲线一样，这样做需要政治勇气，而这在民主制度中是非常少见的，具体内容我将会在第14章中进行讨论。

我们正在慢慢变成一个"自我负责"的社会，随之而来的一个问题是我们必须学会在我们之前不需要担心的领域去教育自己，因为之前是由其他人在替我们关注那些问题。金融素养，明白金钱世界是如何运转的，这是其中一个领域，而要做到这一点并不容易。第一课应该从学校就开始，但就像我在第 13 章中所说的，除非立即付诸实践，否则学到的东西很快就会被遗忘。幸运的是，严重的金融问题也许不会突然出现在年轻一代人身上，因为停留在教室里的说教已经消失很久了。

来自帕尔玛的洗碗工卡尔洛·庞齐（Carlo Ponzi），后来改名为查尔斯·庞齐，曾一度成为美国的百万富翁，他对许多事情都负有责任。但我们同样要记住，他死的时候是个穷光蛋。

The Second Curve:
Thoughts on Reinventing Society

第 11 章

公正的社会

什么是公正的社会？正义都实现了吗

"正义"（justice）是一个令人困惑的词，它至少有三种完全不同的含义。第一种含义是给予人们应得的奖励或惩罚；第二种含义是给予人们所需要的东西；第三种含义是公平，这是在前两种含义中寻求平衡，具体定义是给予每个人同样的东西，除非可以证明通过给一些人更多的东西会在某种程度上让每个人都更好。毫无疑问，对于什么是正义的这些不同理解，可能会导致大量的混乱和冲突。

比如严重的不平等现象，在现代社会似乎是非常不公平的，但它是不公正的吗？顶尖的1%和剩下99%的人们之间的差距每年都在增长，那1%的人认为他们理应得到奖励，这是他们经营企业和承担责任所获得的成果，从他们的定义来看，这是公正。而其他的人则抱怨说他们并没有享受到不断发展的经济所带来的好处，他们的生活水平在下降，其中一些陷入了赤贫，而且在很多情况下，他们的基本需求没有被满足。他们认为这在一个本该是民主的社会里是不公正的、不公平的。谁说的对呢？每个人都是对的，这取决于观点和对公正的定义的不同。

法国经济学家托马斯·皮凯蒂（Thomas Piketty）在他的著作《21世纪资本论》（*Capital in the 21st Century*）中指出，当资本回报率大于整体经济增长率时，财富的不平等现象将不可避免地增长，因为钱能生钱。过去，大多数财富都是来自继承，皮凯蒂指出，巴尔扎克和简·奥斯汀小说里的人物都在无休止地关注继承问题：谁会得到财富，如何保持财富，把财富传给谁。在那个时代，继承遗产是财富的来源，而且纵观历史也是如此。然而20世纪是不同的，也是特殊的。两次世界大战以及随之而来的去殖民化侵蚀了资本的基础，资本被征用、被征税或被国有化用以支付战争开销并支撑随后的福利国家。与此同时，由于欧洲的重建和技术的追赶，西方的经济发展异常迅猛，导致经济增长速度比资本回报率高，这在某种程度上把财富拉平了。但皮凯蒂说从20世纪80年代起，这个过程逆转了，经济增长率减缓了，资本重建了，对于高收入的税收也减少了。当税收很高的时候，人们给自己发高工资没有多大的意义，但现在，尤其是当那些公司高层开始奢侈地犒劳自己时，他们可以保留大部分的收入了。今天，发达经济体的财富保有量是第一次世界大战之前年度国民收入的6倍。

区别在于新财富不再是由过去的土地所有者拥有和挣得的，而是由那些靠"工作致富"的人们所赚来的，他们主要是公司的高管层，以及一些银行家和少数体育明星，他们加起来只占总人口的0.01%。皮凯蒂把这种情况称为"精英极端主义"，这是对过分贪婪的一种客气的说法。我从来没见过这种所谓的奖金文化，在我看来，要通过奖金这种"贿赂"的方式让你在自己的岗位上竭尽所能,这似乎有损人格。在大型企业工作时,通常假定你的工资是由一个适当的比例与你所完成的工作挂钩,期望你在能力范围内把工作做到最好。成功就是最终得到职位晋升,随之而来的是薪水的增加。但荒诞的是,有些奖金是有保证的,即使没有保证,也是隐含在合同中的一部分,而且已经成为一种惯例。毕竟没有证据表明,更高的奖金产生更多或更好的工作的可能性。

这是由公司里的薪酬委员会造成的,他们允许高管可以不为他们过高的报酬承担任何责任。"跟我没有关系,"他们说,"这些事情都是由薪酬委员会独立决定的。"然而大多数薪酬委员会都在寻求建立行业规范,只要证明业绩表现合理,就可以支付比平均水平高一些的薪酬,而支付的薪酬比平均水平低意味着他们对于业绩不满意,而这只会在极端情况下出现。这样造成的结果就是薪酬平均水平不可避免地持续上涨,这与他们不熟悉的领域无关,它是完善的自我验证系统,不受外界影响。应该把局外人纳入进来吗?你可能会这样认为,但这需要改变公司治理的规则。当然,这些规则是由董事会自己制定的。

我们不嫉妒成功的体育明星或企业家的收入,因为这归功于他们的特殊技能。具有讽刺意味的是,无论是体育明星还是企业家，他们的本意都不是为了钱。他们这样做是因为热爱并且擅长。钱是好东西，但不是重点所在。只有当钱变成了重点的时候，有些事情才出问题。正如我在其他文章中所说的，从20世纪70年代起优先考虑股东价值，这是之前未曾有过的，也是错误的，这使得钱成为了企业的核心，导致经理人为了股票期权和奖金扭曲了他们优先考虑的事项，并且强调短期效益从而给企业带来伤害。以利润分享和更多人持股的股票期权计划来代替这种"奖金文化"，或许能扭转局面。钱应该是奖励而不是重点，这是有区别的，去问问任何一个诺贝尔奖得主和金牌运动员就知道了。

尽管如此，那些获得高薪酬回报的人把这视为企业的成果，是他们应得的，是公正的。如果没有如此高的报酬，他们将无法积累资本，他们认为这是不公平的。相反，其余99%的人认为高额报酬是不公平的，因为这太不成比例，毕竟那些公司高层的大部分成功来自其下属所做的工作。还有许多人努力工作，但没有得到同样方式的回报，尽管他们当中的许多人，比如医生、教师、护士，还有其他职业，对社会做出了巨大的贡献。关于公正的三个方面是冲突的，而且我们对其预测不佳。

在即将到来的一代人身上，我们可能会看到过去两个世界中最糟糕的情况：一群人靠着上一辈积累的财富生活，同时顶尖的人群还在持续领取极高的报酬，因为资本回报率继续超过经济增长率。新的"食利者"，那些依靠继承的资本生活的人，不太可能继承过去数百年那些伴随着财富而来的社会责任。我在第7章中曾说过，资本主义和民主是"同床异梦"，如果资本主义要存在下去，它必须对所有人都有益，而不仅仅为了少数人的利益。在财富的创造和分配方面恢复适当的正义，这也许是我们今天所面临的最紧迫的问题。财富必须分布得更广泛，当然前提是不破坏最开始创造它的初衷。

我们可以把那些声称只有高额报酬才能留住人才的说法看作是虚张声势，如果收入变少一些成为了惯例，许多人其实依然会很高兴地工作。假如他们不这样做，肯定会有其他具备同样才能的人这么做。潜在的高管人才不像人们想象的那么少，也并非那么独一无二。问题在于我们要创造这种惯例。欧盟委员会曾试图将奖金限制在工资的若干倍，而作为回应，很多企业提高了工资。许多瑞士人想把最高工资限制在最低收入工人的12倍，但这一提案在接下来的全民公投中未获通过，估计把12倍提高到30倍也许就能通过了吧，不过要知道在许多大型的美国企业中，这种收入差距已经超过了400倍。柏拉图曾建议收入差距为4倍比较理想，但那时的组织要小得多。我曾经是一家由员工所有的公司的董事会成员，那里的收入差距是7倍。为了提高首席执行官的薪酬，所需要做的是提高那些底层员工的收入。这对于每个人都是可行的，直到他们意识到可以把这些便宜的工种外包，从而创造一个新的、更高的基准薪酬水平以及更高的顶部薪酬。对于那些不得不离开公司的人来说，只能怪运气不好了。

总有办法绕过这些事情，但在理想情况下，这个公式会因为组织的规模甚至行业的类型而调整，这样将会鼓励生产力的提高，反过来也会让企业在不损害其盈利能力的前提下为那些底层员工支付更多的薪酬。如果与之相伴的是一个与基本工资相关的利润分享计划，那么它将给每个人，包括高级管理人员按照一定比例分配奖金。如果这个公式是国际通用的，那就更好了。即使这不是一个国际惯例，也没有证据表明将会出现为了在异国他乡寻求更多奖金而导致的大量的人才迁移。我经常认为，钱，准确来讲是"补偿"，是对在不愉快的环境中承担充满压力、乏味或无意义的工作的补偿，但并不是每个人都会认为额外的补偿足以弥补把家庭和家人搬到地球另一端的痛苦和动荡。或许勇敢的企业可以试试看，政府也可以尝试一下。

替代的方案是什么？对高收入者的财富或收入的惩罚

性税收会适得其反，如果税收太高，那些高收入者将会离开或找到规避的方法。竞争也解决不了问题，在这个"赢者通吃"的世界里甚至会让事态更糟，成功者将会更富有。相反，我们需要从财富创造的起点开始，指望那些机构，包括它们的设计和控制方式，指望那些公民企业和利润分享计划，而不是任意的奖金分配，指望更好的公司治理、教育改进，或许最后最特别的是把工会改造为专业组织。我们丧失了工会的抗衡力量，因为工会仍然局限在过去的大型组织中，目前主要局限于一些公共部门。我们似乎忽略了作为自我雇用者和小企业主的拥护者的新机会，他们是新兴的、成长的劳动力。

"预分配"，经济学家称之为丑陋的字眼，但很关键，它让整个体系从一开始就更公平，而不是事后去弥补不足之处，如果工会不能或不去做，那么也许政府应该这么做。20年前，我在拉斯金学院（Ruskin College）遇见了一群工会领导人，与他们分享了自己关于未来劳动力将如何改变的观点，我认为自我雇用和兼职一些企业的非核心工作，这样的模式将快速增长，而这正是工会运动的新机遇，因为这些人将会需要他们所能获得的所有帮助。那些工会领导人摇了摇头说，不，工会的未来取决于大组织。如果人们现在纳闷为什么纽约的最低工资更低，但清洁工的收入是伦敦的 3 倍，这是怎么形成的？答案是显而易见的：这是工会的力量，确保了那一点预分配。

那么，在缺少工会行动的情况下，政府能做什么呢？为什么不首先大幅提高整个国家的最低工资水平？现在最低工资是大多数先进经济体的一个特征，把它提到足够高，构造一份适合生活的工资，以适应不同地区的生活成本。这个增幅应该足够高以迫使企业提高自己的生产力来支付，这也意味着短期内要削减一些工作岗位。为了让经济重回正轨，这个代价是值得的。目前英国的生产力水平太低，主要是因为劳动力太廉价以至于雇用了比实际需要更多的人手，而这又反过来使得工资更低。劳动力的廉价一部分原因是有太多人做好了薪水低的准备，另一部分原因是英国政府用工作福利补贴了低收入工人的工资。在我看来这是没道理的。为什么要让纳税人去补贴那些企业，让它们得到廉价劳动力，而不是提高生产力以使它们能够支付适当的工资？在英国，2013 年的工作福利高达 280 亿英镑，这是非常大的一笔补贴；而且我敢断言，从长远来看会适得其反。"预分配"或者说从源头开始，其本意应该是为好的工作表现支付合理的价钱，如果像现在这样，有大量享受补贴的廉价劳动力资源，企业也没有动力去投资新设备或通过培训提高生产力。提高劳动力成本，企业家自然会去应对。

这将是一条第二曲线，可能令人不快，但结局会是好的。令人不快是因为它会让很多人失业，然而与其让他们继续在企业里领着补贴低效地工作，还不如对这些失业者在社区工作、培训和再教育方面予以支持，而且总花费会更少。一些人主张实施"基本收入"计划，也就是对一定年龄以上处于某个年龄段的所有公民发放一定的收入。这一"基本收入"足以维持基本生活水平，但还不足以高到让人们选择放弃通过工作获得报酬。瑞士将于近期就这样一个计划举行全民公投，收入标准定在30 000瑞士法郎。这样的计划虽然表面上看是有吸引力的，但实际上被证实在经济上是不现实的。英国拟推行的福利制度改革，如果实行了，实际上就是保证最贫穷那部分人的收入，也就是部分实行"基本收入"。

公正社会的进一步扭曲是住房价格，这在伦敦尤为明显。50万英镑的房屋均价有效地将大多数年轻夫妇排除在房地产市场之外，当一些部门的关键员工都无处可居时，这给包括健康和教育在内的一些服务部门带来了严重的问题。人们寄希望于增加住房供应最终使价格下降，但"最终"其实是非常遥远的未来。同时第二曲线将寻求做出改变，首先政府可能会开始改变出售家庭主要住房的免税优惠。

我曾与一位年轻女士交谈，几年前她为了照顾年幼的孩子放弃了记者的工作，现在孩子都上学了，我问她是否要继续她的记者事业。"噢，不，"她说，"我现在在做搬家的生意，虽然挺不容易的但利润更丰厚。""这是什么意思？"我问道。"去年我们把处在繁华地段的房子卖了，搬到了半英里外的一处更大的房子里，净赚了40万英镑。我想我们再过几年还能这么干。"她回答道。

当人们躺着睡觉比出去工作能赚更多钱的时候，一定是哪里出问题了。那位女士赚的40万英镑应该被征税。当然，就像我提出的许多其他的第二曲线的建议一样，这在政治上将面临很多困难，因此，这一建议需要逐步实施，只适用于那些高于全国或当地平均房价的房子，从而保证那些低价的交易不会因此受到不恰当的处罚。然而这样做将会导致房价下降，我的那位记者朋友也可以不用总想着搬家了。这可能会降低流动性，但不会是不公平的；人们只会对额外的收入缴税，而他们肯定也有能力支付。

这也可能让人们思考那些急迫的愿望是否明智，尤其是在英国，人们总想尽快拥有自己的房子。一个国家的储蓄大量流入房地产，不会产生太大的经济上的意义，因为既没有给国家产生有益的财富，也没有带来多少就业岗位，反过来还会使得银行通过发放配套的房屋贷款获得更丰厚的利润，而那些急需贷款来发展的企业却拿不到钱。我是在出租房里长大的（我的父亲是一名牧师），然后我一直住在租来的房子里，直到我50岁。到了这个年纪，我差不多也已经确认了愿意在什么地方度过余生，而且自那以后我也确实一直待在居住的地方。

从理论上看，人们在前半生租房子是有道理的，它会带给你更多的灵活性和更少的责任，比如要是在租住的房子里锅炉爆炸了，只需给房东打个电话，你就可以接着睡觉了。但租房子只有在房地产市场稳定的时候才行得通，而且必须征收房屋销售税，这可谓是一石多鸟：房地产价格会下降，更多人愿意租房，这样搬到工作地附近居住就更容易，同时，不会有那么多钱涌入房地产业，可以释放一些银行贷款进行更有益的投资。这将是一场艰难但至关重要的改革，这样我们的储蓄不会被抵押贷款所吞噬，企业也不会因为缺乏客户而死去。

然而我在想，在我们对上层社会的严重不公平感到极度痛苦的时候，或许忽视了更重要的事情。是的，少数人凭借着诸多幸运、聪明的会计和出色的判断比我们大多数人都富有，这看上去很不公平，但事实可能是这些人生活在一个完全不同的世界中，一个大多数人即使做梦也想

第 11 章 公正的社会

象不到的世界中,这样他们的财富就不会被分散了,也不会受到某种方式的制约。全球最富有的 50 人的财富加起来,相当于世界上一半人口的财富之和,但如果把这些财富平均分给世界上一半的人,每个人兜里也就几个硬币。总之,如果 1% 的富人变得贫穷,将不会对我们大多数人的生活带来什么变化,因此,尽管我们认为不公平,但或许我们应该忽略这 1% 的富人而专注于什么是真正的不公正——不是财富而是工作,或者说工作的匮乏。

对于数以百万计的较低技能、缺少天赋的人而言,现代资本主义真正的不平等和不公平是缺乏有意义的工作。正如我在其他章节中说的,各种机器人将会处理大部分的日常工作,还有更多的工作将被外包到更廉价的国外劳动力市场,这样一来,对于缺少技术的工人而言,工作机会就更少了。我过去曾把美发业当作一个不能外包到国外或者由计算机取代的例子,直到谷歌的一位高管告诉我有一种机器正在研发中,把它戴到头上就能按你的设计来塑造发型。这可能不符合每个人的口味,但又是一个廉价的 DIY 的方式。工厂、矿山和钢铁厂过去曾提供了大量的工作岗位,但这些都已不复存在。制造业剩下的只是在设计和市场营销方面的高端岗位,其他的工作都已经出口了而且不会再回流。

剩下的与人文关怀有关的工作存在于医院、社会工作、学校、监狱、法院和地方政府里。问题是这些是只能由人来完成的工作，而由有技能的人来完成这些工作的代价越来越大。我们希望这些工作尽可能少，以降低成本。这是一个两难的窘境。我们需要更多劳动密集型的工作，但我们负担不起这么多人，而且所提供的工作也不一定会吸引那些寻求在身体上更具有挑战性的年轻人，不过并非一切都是没有指望的。在20世纪初，英国吸引就业最多的类别就是国内服务，正如我所说的，如今的情况和那时一样，不过这次有所不同。大多数新的国内工人都是自我雇用型的，新的富裕阶层带来的影响是这些国内服务的增加，如儿童保育、清洗、接送、园艺、遛狗、购物、烹饪和文秘等，这只是略举数例。近年来，英国大部分的新工作是由这些"跳蚤型"小微企业创造的，这一点也不意外。或许我们需要富豪是为了替他们工作。关于这一话题我在第4章中进行了详尽的阐述。

即使如此，对于许多受教育程度较低的人而言，工作机会仍然太少，这是真正的不公正。这种情况是不应该的，并且人们对此尚未做好准备。为了弥补这一情况，我们需要注入大量资金以提供更好的教育和培训，包括鼓励自我就业与学徒制。我在第13章中指出，教育在培养知识技能的同时也要培养社会技能，主要是在工作中培养。我们也应该向前回溯，我们的先辈在工作中学会了如何工作，在赚钱的同时也在学习。我们需要更进一步，让学徒的数量倍增，并鼓励雇主把这视为他们应该承担的一部分社会责任。这些都需要花钱，除了通过一般税收来支付以外，恐怕还需要设立一只特殊的基金，比如由人们在卖房子时缴的税来承担，这样这只基金就可以用来给所有与工作相关的教育免税，并支付学习者维持生活的最低工资。

几个世纪以来，我们生活在一个自上而下的就业体系中，工作岗位大多数是由机构提供的，无论是公共部门还是私营部门。我们忘记了这些机构也是从无到有的，而如今它们正在减少，整个体系需要自下而上地重建。这将通过小规模的创业风险投资来实现，如果成功了，就将为其他人创造就业岗位。这在以前也发生过，当被称为"工业革命"的新技术投入应用时，成千上万的新企业像花朵般盛开并蓬勃发展。这种情况会再次发生，但我们必须为新的花朵准备好苗圃，以帮助它们度过初始期。学校、大学、银行和风险投资家、企业与政府机构需要联合起来，共同启动一个新的由企业引导的革命。从长远来看，只有这种第二曲线才能弥补在现有的第一曲线末期出现的不公正。

The Second Curve:
Thoughts on Reinventing Society

第 12 章

金色的种子

你了解自己的能力吗

第 12 章 金色的种子

为了庆祝我的一个重要生日，我的两个孩子送给我一个专门托人制作的小雕塑。它的形状是两滴交织的金色的眼泪，我觉得很奇怪：在这样一个快乐的场合，有什么好哭的呢？他们俩急忙解释，那不是眼泪，而是金色的种子。他们知道我最喜欢的概念之一就是金色的种子。这是我对人性的乐观信念的一部分。在我们每个人心中都有可能的种子，这是我们的"金色种子"，如果我们知道它是什么，并精心地施肥、浇水与照料，它就会带给我们成就。我认为能送给别人的最好的礼物，就是帮助他们找到并种下自己的金色种子。

玛丽安·威廉姆森（Marianne Williamson）在她的著作《发现真爱》（*A Return of Love*）中表达得更富诗意："我们问自己，我会成为一个聪慧、迷人、天赋异禀、光彩照人的人吗？事实上，你为什么不能呢？你是上帝的孩子……我们生来就是为了证明上帝赋予了我们荣光。这不仅仅存在于某一些人身上，而是存在于每一个人身上。"她的话被纳尔逊·曼德拉（Nelson Mandela）在就任南非总统发表演说时所引述，以鼓舞他的同胞。更简单地说，玛莎·努斯鲍姆（Martha Nussbaum）和阿马蒂亚·森（Amartya Sen）这两位杰出的学者已经指出，我们的"能力""不仅仅指一个人体内的能力，而且还包括个人能力与政治、社会和经济环境相结合所带来的自由或机会。"努斯鲍姆强调整个社会都有责任让我们每个人的种子成长。

在我和妻子开展的一项关于企业家在商业、艺术和社会方面的研究（称作新的炼金术士）中，我们发现正是金色种子给了他们一个真正的自我信念，从而也给了他们信心去追求自己的想法（有时候人们是偶然发现自己的金色种子的）。在我们的研究中，菲利普·休斯（Philip Hughes）曾是一名失意的石油公司销售工程师，直到他买了一本关于计算机的书，这在20世纪60年代早期是全新的概念，"就像一道闪光，我立刻就知道我想要做什么"。他在这项新技术上的天赋就是他的金色种子。路过一家软件公司的咨询窗口，他走了进去，得到了一份工作，继而创办了英国最早也是最大的计算机咨询公司——Logica。他的故事很有趣，因为他的另一个潜伏的金色种子是他作为一个艺术家的才华，他后来也开始了一段杰出的艺术生涯，包括担任位于伦敦国家美术馆理事会主席。

有时候人们从一开始就知道自己的金色种子。特伦斯·康兰（Terence Conran）在12岁时就开始为玩偶造房子，并在当地的商店出售。他接着创办了Habitat并改变了英国人布置自己房子的方式。食物一直是他的另一个兴趣点，从他所说的一家没有厨师的餐厅、在伦敦的一个装

第 12 章 金色的种子

满了他自己的家具并且专门用来做汤的厨房起步，他再一次将其变成了一个成功的商业帝国。有些时候，是其他人发现了你的金色种子。威廉·阿特金森（William Atkinson），英国伟大的班主任之一。当他 1957 年从牙买加来到英国之后，有幸引起了自己的一位老师的注意，他的老师发掘了他的潜力，鼓励他成为一名老师并相信自己。

这是三个不寻常的人，但我们每一个人不都有属于自己不寻常的方式吗？为什么我们总是想和其他人一样？我们每个人身上都有一些特别的东西，只要我们能在日常生活中发现它，并付出努力让它生长。1983 年，哈佛大学的哈沃德·加德纳（Howard Gardner）用他的多元智能理论彻底改变了我们大多数人对于智力的看法。他指出智力并不是一种单一的形式，比如 IQ，而是有多种不同的形式，并且这些形式不一定相关。关于智力有不同形式的这一说法并不新鲜。古希腊诗人阿尔齐洛科斯（Archilochus）把世人分为刺猬和狐狸，刺猬把所有智力都视为一种，只是有些人的智力比其他人要多一些，而狐狸认为智力有许多方面。后来 18 世纪的弗朗兹·约瑟夫·加尔（Franz Joseph Gall），一位专攻颅相学（研究大脑的形状和大小）的物理学家，提出了 37 种人类具有的不同能力。加德纳所做的是找出他认为最主要的，并说明它们的一些特点以及对教育的影响。

我们不必拘泥于加德纳论文的细节甚至是他的智力列表,但他的想法与我们直观的对于个体差异的看法非常吻合。加德纳提出了七种智力类型:

- 语言智能
- 数理逻辑智能
- 音乐智能
- 空间智能
- 身体运动智能
- 自我认知智能
- 人际关系智能

重要的是,不同的智力之间是没有联系的。你可以是一个优秀的运动员(身体运动),但在课堂上学不好数理逻辑科目。流行音乐家通常在离开学校时感到挫败,只有继续走音乐之路去创造财富。加德纳认为,成功往往需要两种或两种以上的智能相结合,他想要重新定义传统的智力观,但智力这个词本身并不一定局限于常见的说法,天赋、才能、技能或能力都是智力的表达方式。加德纳和他的同事后来确定了他们认为的智力的 20 个种类。

问题是，正式的教育系统往往关注的是前两种智能，即语言智能和数理逻辑智能，在很大程度上忽略了其他智能，尽管那两种与人相关的智能是对生活和工作而言最关键的，自我认知智能是关于理解自己的，而人际关系智能则与理解他人相关，这两者是在家庭和工作中维持良好关系的核心，后来被丹尼尔·戈尔曼（Daniel Goleman）合在一起扩展为情感智力。在加德纳的清单里，我会加上创造性智能，加德纳可能把它归类在空间智能里，特别针对艺术家而言。但基于我们对"炼金术士"的研究，我们认为还应该加上想象力，透过杰夫·格劳特（Jeff Grout）和莉兹·费雪（Liz Fisher）在他们对于企业家的研究中提出的"第三只眼"，以不同的方式看待世界的能力。

在我们研究的"炼金术士"中，我们发现大多数人受教育的学校都有很多约束。此时，他们通常会选择离开，即使留下了表现也不好，他们自己的那套智能不适合学校里的标准课程，因为过于强调前两种语言和数理逻辑智能而忽略了其他五种。加德纳对此可能不会感到惊讶，在与戈尔曼的谈话中，他说："……我们让每一个人都接受这种教育，如果你在这种教育体系里获得了成功，那最适合你的工作就是大学教授，而且我们根据他们是否符合这一狭隘的成功标准来评估每一个人。我们不应该花费太多时间来给孩子排名次,而应该花更多的时间来帮助他们识别自己的天赋,并对其继续培养。成功的方式有成千上万种,而且有很多不同的能力助你取得成功。"

我曾经和一位剑桥大学的英语教授交谈。剑桥的英语课程非常受欢迎,它可以从一群非常有才华的申请者中挑选上课的学生,当然其中的大部分人并不会继续以此做教学和研究方面的工作,相反他们中的许多人将会在社会中扮演重要的角色。我问教授:"鉴于这一情况,你给他们提供了什么建议以帮助他们为未来的责任做好准备?""这不关我的事,"他回答说,"他们来这儿就是来读英语,而读英语就是他们所要做的。剩下的东西他们只能在大街上找了。"这在他的权限内,但他对教育作用的看法的局限性降低了学校这一承担人才输送职责的机构的层次。当他们为自己的学生在任何一所知名大学谋求一席之地时会发现,他们对于自己所承担的角色和责任的看法实际上也同样是狭隘的。因此,这就是为什么许多其他的能力不被关注,而当意识到这一点试图去复苏那些种子的时候已经太晚了。可以说,大学应该在很大程度上为我们学校系统的缺陷负责,因为我们依照大学对学术和知识研究的过分关注打造了学校的课程和优先顺序。

切断这种联系需要我们重新思考大学的角色,承认传统的学术学位不是适于每个人的，大学教育的民主化太费钱了，而且对许多人而言并没有帮助，而把许多基于能力的课程设计成模块化的方式会更廉价，同时也更适合于当下这个工作的要求和形式变化如此之快的世界。如果与学校的联系被削弱了就会让学校重新回归它们原本的初衷，在最广泛的意义上帮助年轻人为生活做准备，认识到每一个人都是不同的和特别的。在理想情况下，我们应该针对每个孩子的需求设计单独的课程，而不是用一个全国统一的课程来让每个孩子变得一样。对于局外人来说，似乎学校的设计是为了适应教师和这个体系，而不是为了适应学生。对于一个好的组织而言，这实在是本末倒置。但如果我们不能在学校里把每一个孩子当作独特的个体来对待（因为这样会带来许多管理上的不便），那我们可以稍后进行弥补。金色种子不会消失，它们只是隐藏了起来，等待被发现。

我们每个人都可以列出自己不同的能力、技能、天赋、知识或其他方面的优势。重点在于，这其中的任何一点都可以成为我们未来的种子，只要我们培养它，并且有人帮助我们这么做。当一些人瞥见自己的可能性和未来生活的种子时，他们会有灵光一闪的感觉。我们大多数人都需要别人的帮助来发现这些种子，因为我们是以流行文化设定的标准来判断自己的。早期发现这些种子应该是父母的首要关注。对于父母而言，首先是希望自己的后代符合同一年龄段孩子的发展途径和阶段，但这可能会妨碍他们去发现孩子身上的种子。能人布朗（Capability Brown），18世纪英国伟大的景观建筑师，之所以得到这个绰号，是因为每当查看一个可能成为他的项目的房地产时，他总是告诉客户"这房产有巨大的能力"，意味着有潜力。

能力是所有孩子都具备的，如果我们学会用第三只眼睛观察，把那些不同的点当作线索，而不是需要纠正的缺点。异教徒可能是一个麻烦，但实际上他们可能是在发展过程中的艺术家。在我们对"炼金术士"的研究中，值得注意的是他们大多是第二个或第三个孩子，通常较少受到严格的管教，父母从一开始对他们就没有寄予太多期望，因此他们拥有更多的自由，从而造就了他们的不同。我曾在英格兰北部教育会议的演讲中提出这一观点并指出，在学校里只要没有伤害到其他孩子，一些淘气的行为可以容忍。我认为这是一种创造力萌发的信号，或者至少是一种表达自己个性的信号。课堂应该是为学生设计的，而不是为了老师的方便。我的演讲受到了教师工会的严厉谴责，他们想象到的只是自己课堂上的一片混乱，但我想这更验证了我的观点。我个人认为，传统的课堂是不利于学习

第12章 金色的种子

的，需要根据新的技术进行反思和重新设计。然而，正规教育只是我们早期发展的一部分。事实上，金色种子的培育最好由一位导师来完成。导师可以是自己找到的或者指派的，但更多情况下是偶然遇见的，当一些人发现了另一些人在他们的原有轨道上的某些方面的潜力，并因此产生兴趣时，双方发生了化学反应而且彼此受益，因为从培养一个人成长中得到的快乐是非常真实的。

老师觉得他们扮演着自己所照顾的所有年轻人的种子培育者的角色，但在体系的约束下，这只是一相情愿的想法。幸运的是，还有许多其他的种子培育者。父母对于成功的观念往往很狭隘，看到自己的孩子发展的兴趣和能力与自己如此不同便会感到不安。当我儿子宣布他将拒绝读大学，而要去实现他成为乐队主唱的夙愿时，我用了极大的自我控制去告诉他我了解他的追求，并鼓励他继续前进。幸运的是，或许也不一定，他改变了主意。也许他只是在考验我对他的独立性的容忍度，但他让我意识到，虽然大多数家长认为自己是一个好的金色种子培育者，但他们并不是发现者。

当人们在重新装修一间伊顿最古老的教室时，他们发现在15世纪的墙体的灰泥下面有一幅画，画的下面是一句拉丁格言：Virtus preceptoris est ingeniorum notare discrimina，粗略翻译过来的意思是"一个老师的美德是注意（男孩们）能力的差异"。600年前，好的老师就在发现金色种子。

　　对于许多年轻人来说，在他们青少年时期的最后几年，正是他们打造自己身份的时候，也是他们最需要帮助去发掘自己独特的金色种子的时候。在我们研究的"炼金术士"的人生历程中，扮演这一角色的有的是他们的第一任老板，有的是当地的牧师，剩下的是过去或现在的老师。我们都需要这样的导师，在青少年时期就找到自己导师的人是幸运的。然而，对于一些人而言，种子在他们的前半生都处于休眠状态。我妻子和我做过一项名为"改造生活：女人60"的研究，在这本书里我们采访了28位在60岁时改造了自己的生活并重获新生的女性，她们都是在养育了一个家庭后才去实现自己被延迟了的梦想，并且在自己身上发现了从未意识到的天赋，这个过程永远不会太迟。她们中的一位被任命为牧师，另一位靠写儿童读物来养家的女士实现了长期以来去南极工作的凤愿，还有一位女士帮助她的女儿在海边的一个小镇经营一家咖啡馆并发现自己非常擅长于此。挖掘自己的种子，开启一条新的生活曲线，永远都不会太晚。

　　许多人结束了自己正式的职业生涯，对于他们的新

第 12 章 金色的种子

的工作曲线，越来越多的人转向某种形式的自我雇用，这是一个发掘自己的金色种子的机会，因为种子往往休眠多年，只有在不经意间或不可避免时才会复苏。当我准备前往石油公司派给我的第一个海外职位就职时，我的母亲来给我送行，我知道她对我的职业选择并不满意。她最后留给我一句话："亲爱的，没关系，这些都将成为你写书的好素材。"我困惑地看着她，然后车就开动了。她究竟在说什么？我当时并没有打算写书，而是即将成为一名石油公司主管，连看书的时间都没有，更别提写书了。20年后，我不再是石油商，而是与我的家人一起坐在普罗旺斯的农舍里写我的第一本书，回味过往的经历，而且我现在还在做这件事。我的母亲早已发现了这颗种子，尽管它需要一段时间才能发芽。

那时候我还没有提出关于潜伏的金色种子的想法，我也没有告诉我母亲她是多么正确，包括我写的书和写书的素材。我的母亲还不断给我提出建议，尽管不是有意为之。我曾把自己第一本关于管理学的教科书送给她，现在回想起来，那本书中带有一些学术上的自负。我注意到她就翻了不超过10页。"你不喜欢这本书吗？"我问道。"我不明白为什么你要用这些新的词汇，"她回答，"在（英国国教）公祷书和莎士比亚的作品中，有足够多的词汇来涵盖你想要说的话。"这是我得到的最好的评论建议。种子需要塑造，在他们开始生长之后有时甚至需要修剪，是的，这活儿有时是由父母来干的（尤其是母亲能发现种子）。

如今世界充满了发芽的种子。互联网对于新企业来说是一个充满苗圃的温室，它降低了进入成本，特别是对服务企业而言。这是一个激动人心的时代，并不是所有的种子都会变成金色，有些种子可能根本就无法萌发，但这并不重要。事实上，人们创造出了一些独特的东西，证明了玛丽安·威廉姆森的诗意说法：我们每个人都是特别的。我的妻子，一名肖像摄影师，正和我一起用文字和照片记录下伦敦不太富裕地区的年轻企业家的项目，给其他人以希望和鼓励，并以他们为榜样。当看到这些年轻的少男少女被拍下的脸上洋溢着骄傲时，我们的内心感到温暖。他们随身携带着做生意的工具和自己的名片，这是他们的种子发芽的证据。这可能并不会变成他们的金色种子，但这并不重要，他们告诉我们，他们已经有了一些值得自豪的东西，并且还会有其他的种子和新的曲线出现，他们坚信这一点。

The Second Curve:
Thoughts on Reinventing Society

第 13 章

未来的学校
教育应该是什么样的

我在上学的时候受到了良好的教育，上中学时获得了英国独立学校的全奖，后来则获得了牛津大学的奖学金。然而回过头来看，学校里学的东西大部分我都不记得了，可能是因为我再也没有用过吧。但我确实记住了一个教训，它深深影响了我以后的生活，尽管它不是有意为之的。我学习到在我面前的世界，所有的问题都已经解决了，我所找到的答案我的老师都知道，或是藏在教科书里。我的任务是记住这些答案并根据需要复述，最初是在考试中，随后我以为在我的生活中也是如此。

换句话说，我在学校里所学习的问题都是封闭式的问题，答案都是已经被证明过的，到伯明翰的路有多远就是这样一个封闭式的问题。而我们为什么要去伯明翰则是一个开放式的问题，因为根据语境的不同，它有无数种可能的答案。我所受的学校教育实际上是有害的，因为我在工作和生活中面临的大部分问题都是开放式的问题：我要娶这个女人吗？我要买这套房子吗？我应该信任这个人吗？我应该接受这份工作吗？我要投资于这项业务吗？我要服从这个命令吗？即使是一些简单的事情，比如挑选一家餐馆或买一件衣服，都是开放式的问题。起初我认为这些问题有正确的答案，问题在于我不知道。然后我认为正确的事情就是找一些人或一些书，他们可能给我答案或告诉我该怎么做。这样我很快就被认为是一个优柔寡断、循规蹈矩、缺乏自己主见的人。枯燥、无趣，我的老板总是批评我缺乏主动创造性。可以这么说，我的学校教育毁了我的生活，即使他们宣称我是他们最成功的学生之一。

幸运的是，我在牛津大学学位课程的后半段致力于历史和哲学研究，这两个学科可以用两种完全不同的方式来探讨。人们可以通过学习和记忆关键事件来"学习"历史，通过钻研主流哲学家的理论来学习哲学，但这些都不是牛津教给我的学习方法。

"下个星期前我要一篇3000字的关于真理的论文，"我的哲学导师跟我说，"你可能会去看看其他一些思想家是怎么想的，但我只对你的想法感兴趣。"我原本以为这很简单，我们当然都知道真理与谬误之间的区别。经过了四个不眠之夜之后，我发现了其中的不同。我必须自己思考，以其他人的看法为参考（但我对此并不确定）。历史学也是一样。"什么样的个性和要素的组合导致了这场战争的爆发"就是一篇典型的作业。有一次因为时间紧迫，我抄袭了一位著名历史学家的文章，当我按照要求在课堂上大声朗读我的文章时，我的导师什么也没说，而是走到他的书架旁，取下了那位历史学家的书，翻找到我朗读的观点的那一页，接着大声读出了接下来的句子。没有多说什么，我明白了老师的意思，他只对我的想法感兴趣，而不是其他专家的想法。

最后，我意识到，我被教授的不是哲学或历史，而是更根本的——如何思考和学习。这跟增加知识是完全不一样的。我有一个朋友曾经是一个行走的"百科全书"，他知道所有的事情，却不知道它们中的绝大多数如何运用。他的一个朋友曾经评价他说："他很聪明，但他都弄不好一个浴缸，更不用说管理一个部门了。"我最后的大学考试试卷有20道问题，我只需回答其中的4个问题，我甚至不了解整个教学大纲或其中大部分，就获得了最高学位。我觉得自己有点耍滑头，直到我意识到，考官关心的不是我知道多少，而是我是否学会了用相关的事实处理自己遇到的各种问题。知识会渐渐消失，但学到的技能会持续存在，就像你永远不会忘记如何骑自行车。

后来我才明白，真正的学习始于好奇心，从一个疑问、一个挑战或者一个你需要回答的问题开始。其次是搜索观点和信息，这反过来又让你形成一个假设或可能的解决方案。然后这个解决方案需要进行验证，对结果的反思往往又会导致进一步的问题。对于这种"学习循环"，孩子是凭直觉去做的；就写这些论文而言，我则是有意识地这么做的。自从上大学以来，我对教育的过程更感兴趣，然后才是教育的内容。我认为教育的内容在需要的时候总是可以找到的，但这个过程必须在年轻的时候进行。后来当我申请一个石油行业的职位时，我向选拔委员会道歉说我对石油和商业一无所知。他们说："别担心，你有一个训练有素的头脑，我们可以把你所需要的所有内容都装进去。"这很令人欣慰，但我发现仅仅会学习和思考是不够的，还必须学会如何为人处世。正如我发现的，学习永无止境，直到我们死去的那一刻。

我现在可以肯定的是如下内容：

- 学习如何思考和做事与学习的内容同样重要。
- 学习主要是经验的反思。
- 老师通常比他们的学生学习得更多。
- 对学习的好奇心和需要是至关重要的。
- 学到的东西不去使用很快就会忘记。
- 没有人是傻瓜，只是不感兴趣或不觉好奇。

从我后来的工作经验中，我了解了一些其他事情：

- 在大多数情况下，三个臭皮匠顶个诸葛亮。
- 并非所有的学习都来自课堂，甚至大部分都不是。

- 混合能力指的是不同能力的混合,而不是同一种能力的不同层次的混合。
- 我们每个人都在某一方面可以为人师。

上述最后一点很重要。如果不是成千上万的人愿意把他们所知道的贡献给这个网站,维基百科将不复存在。YouTube上有大量有用的视频,指导人们如何修复吸尘器,或者提点人们的婚姻生活,这些都是匿名的,而且不求回报。喜欢贡献自己的专业知识,喜欢去教别人,而我认为这正是最好的学习方式。因此,把学生变成其他人的老师是他们学习的最好方法。原来是由老师来指导班级,现在由学生来做。我在自己教的商学院学生中做了尝试,效果非常好,他们学得更多,记得更多,也更乐在其中。前几天我看到一篇报道,一个小学老师让她班级里9岁的孩子分组用自己的iPad研究电磁学课题,40分钟后向全班汇报电磁学是什么,以及为什么它如今对我们很重要。我敢肯定,这些孩子通过这种方式比听他们的老师讲所学到得更多,记得也更多,尽管老师可能讲得更精彩。High Tech High(圣迭戈的一批特许学校)把这一原则推向了极致,围绕以团队为基础的创意项目来组织大部分学习,在课堂外的学习与在课堂上的学习一样多。

第 13 章 未来的学校

还有一些其他的方式。30 年前，位于伦敦的皇家艺术学会发起了一场名为"能力教育"的运动，我也主持了几年。运动的目的是说服学校和大学把这些想法付诸实践，我们的教育观是基于 7 "C" 的：培养（cultivation）、理解（comprehension）、创造（creativity）、合作（cooperation）、沟通（communication）、信心（confidence）和能力（competence）。在我们看来，这 7 个要素是现代社会中完整、丰富的人生所必不可少的。培养和理解指的是在社会中立足所需要的基本的东西和技能——学校里教授的传统科目，主要是英语、历史、数学和科学，如今还有技术，比如编程等。在我们看来，这些是基本的知识和技能，但光靠这些是不够的，甚至这些东西都不需要以传统的方式来教授。其他的几个 C 是可以学习但不能被教授的能力，也是让人发挥自己的全部潜力的基本能力。关于能力，我们的解释是任何把事情完成的特定技能。我们相信这些能力最好是通过实际的项目或有明显效果的问题体现出来。"能力教育"运动给符合我们的标准的计划和项目颁发奖励，这些大多数都是在课堂之外，涉及艺术、体育或者企业风险投资。我过去曾建议这些活动应该由除老师之外的专业人士来负责，比如当地社区的志愿者。

教育的目的是为生活做准备，因此应该用接受教育后的生活来检验教育的成果，但这样的话时间间隔太长，永远无法完成，除非在校友聚会时搜集一些轶事趣闻。考试只能考察在接受知识不久后的消化吸收情况，而不是知识在生活中的运用。考试的过程本身就过于以自我为参照，它只考察教了什么，而不是在生活中的应用。这样可能会导致学生专心于准备考试，这是死记硬背的做法，教育家不这样做。为什么英国是少数几个（如果不是唯一的一个）规定在 16 岁时必须强制参加全国性考试的国家？为什么不能在 18 岁时参加一个普通的离校毕业考试？或者像大多数国家那样，凭借任何一个有效的测试就可以离校毕业？还有一些更好的做法，比如在美国的一些州，允许每个学校设置自己的离校考试。我们应该更加信任我们的老师。事实上，教育已经变得像有一组弓形铁门的门球游戏那样，伴随着一系列复杂的规则谈判，越来越难进行。门球是我最喜欢的运动，但我并不惊讶我的许多客人都不肯玩，他们觉得这游戏令人沮丧，吃力不讨好。我们对年轻人的教育也是如此，我们必须摆脱那些小铁门。

任何类型的艺术家都是借助实践来学习的。我们都是艺术家，是自己生活的创造者。我们借助实践，从生活的过程中学到了关于生活的大部分内容。在当地的苹果产品专卖店里，年轻店员所具备的工作知识给我留下了深刻的

第 13 章　未来的学校

印象，我问他们参加了什么培训，他们回答："并没有什么培训，我们学习的方式主要是偷偷听经验丰富的同事讲解，只要一有空闲就在机器上操作，还有碰到疑难问题的时候就张嘴去问。"我想这就跟我的小孙子一样。

教育前置理论假定年轻人都愿意认同这样一个观点，那就是他们学习的东西总有一天会派上用场，这些知识可以存放在头脑中直到自己需要的那一天。这类延迟满足对于年轻人来说是很困难的，而且不出所料，通常也不太成功。脱离语境的学习是很困难的，学过之后不去运用很快就会忘记，就像我们在学习一门新语言时的感受。我们在学校里花费的时间太多而且基本上被浪费掉了，相反，如果我们从生活中学习，我们会记得很牢，因为生活从很早就开始了。耶稣强调头七年会决定人的一生，这个观点是对的。

家庭就是我们的第一所学校。在家里，我们的好奇心最强，而且每天都在进行非受迫式的学习。"你怎么学会得把 iPad 玩得这么溜？"我问我 6 岁的小孙子。"我不知道，"他回答，"我只是玩着玩着就会了。"他同时还会很自然地讲希腊语和英语，这是从他的父母那儿学来的，并没有刻意地学习。性格也是在家庭中形成的。在家里，年轻人学会或者应该学会如何合作和承担责任，锻炼自我控制，并意识到别人的需要。创造力是小孩子与生俱来的，只是等待机会爆发出来，正如沟通的愿望。换句话说，素质教育的组成部分通过言传身教以及规划的方式，在家里等待着被开发。遗憾的是，我们不能假设所有的家庭都是很好的典范，因此学校常常被用来弥补这些缺陷。因此，对于教育的第二曲线而言，第一阶段应该是找到一种方法，帮助父母履行自己作为孩子的第一所学校负责人的责任。

在过去很长一段时间里，人们都是直接从家庭进入工作岗位，正规的学校教育只是最近200年才兴起的。人们在工作中学会工作，现在仍然是（我曾经也是如此）。如果学校现在变成了家庭和真正的工作场所之间的一个必需的间隔，那么学校应该超越其边界，提供对工作和生活的模仿。遗憾的是，通常年轻人在离开学校时，工作场所在他们脑中的形象往往是工厂，一个有着严格规则的、令行禁止的、等级森严的组织，在那里，工作被分解成一个个环节或者计件工作，合作被视为相互勾结（除非是明确界定的演练），创意是一种祸害，创新是管理阶层的特权。如果学校能更有效地为生活做准备，那学校需要或者应该更贴近当下的工作。如今，越来越多的工作是项目形式的，由团队来完成，在完成工作的时候，主动性受到鼓励，付出的努力也会得到回报。人们可以在体育、戏剧和音乐制作领域看到这种情况，不同技能、不同年龄的人们组合在一起，共同完成了让他们自己和公众都引以为豪的表现。为什么这不能成为学校里的常态？或许是因为在学校里艺术和体育教育都是被边缘化的或者是留给家长来承担的。这样做是不对的。

我们参观了一所参与素质教育活动的学校，在那里我们看到了一个所谓的"补习"班，也就是针对那些学习能力差的学生所完成的项目。这个班被要求在学期内准备并制作一个关于道路安全的三分钟电视短片。我们去参观的那天，他们正要做最后的拍摄，在此之前已经完成了研究，编写了脚本并做了一些辅助性的插图。年轻的导演（他只有14岁）正在指导读着手中提词卡的主持人。他们告诉我，孩子特意选择了班里最害羞的男孩来做演讲，他们希望这能提高他的自信。这是个有意思的选择，他们知道自己的节目会被其他人观看和评价。

"开拍！"导演用他那最佳导演的嗓音喊道，那个年轻的主持人呆住了，一句话都说不出来。"停！"导演喊。我等待着意料之中的长篇大论式的激烈指责，但我并没听到。"别担心，"导演说，"刚才只是一次演练，现在我们来真的。"然后他们就继续下去，而且成功了。他们的社会成熟度和专业精神给我留下了非常深刻的印象。回去的路上,我们路过一间教室,教室里有几排男孩趴在自己的课桌上。"他们是谁?"我问道。"哦,他们是聪明的孩子,我们是笨家伙。""补习"班的孩子告诉我。

  让处于青春期的青少年在他们充满活力地探寻自己的身份时在一排排桌子前安静地待着,这从表面上看没有太大意义。待在教室里会限制7"C"中的5个的发展,甚至我们都不应该指望年轻人相信他们学到的前两个"C"在4年后还会是有用的。也许我们的祖先是对的,他们让年轻人在14岁的时候离开教室,进入工作的世界,去学习他们所需要的技能和自律。在那个年代,人们在工作中学会工作,还可能领到报酬。如今,雇主希望他们的员工一来就能做各种工作,这种期望对学校而言是不公平的。在医学、建筑、法律和会计领域,专业的"形成"都需要课堂和学徒实践的结合。那为什么在所有的工作已经变得更加专业的当下,不让这一模式适用于其他领域呢?

  正如我们需要家庭和学校之间的更紧密的联系,我们同样也需要在学校和工作组织之间的更紧密的联系,因此当一个粗浅的观摩学习变成了与专业相关的"迷你学徒"制并在16岁进行认证时,孩子的工作经验有了大幅度的提升。对许多人而言,"迷你学徒"可以变为完整的学徒并与进一步的高等教育对接。德国显示了学徒体系运转良好，它提供了 700 多种不同的方案。大学教育不是每个人必需的，甚至不是大多数人必需的，或者可以等学生更成熟之后再完成。太多的大学教育浪费在了年轻人身上。在芝加哥的莎拉 E. 古德 STEM 学院（Sarah E. Goode STEM Academy）提供一个为期 4 年（14～18 岁）的 STEM（science、technology、engineering、maths，即科学、技术、工程、数学）技能课程，每一位毕业生将保证得到一份由学校的合作伙伴——IBM 提供的工作，IBM 也帮助设计了这一课程。未来几年内，美国的两个州预计将开办 29 个这样的学院。英国有 30 个类似的学院，称作 UTC（University Technical Colleges，大学科技学院），还有 20 个在规划当中。"职业学院"的进一步聚集正在兴起，帮助 14～18 岁的年轻人在酒店、数字艺术或餐饮领域开始自己的事业。这种类型的伙伴关系不仅提供了学习的动力，而且提供了进入工作的相关技能，通常还承诺在顺利完成学习之后提供一份工作。这就是定点学习。

人们还可以选择通过远程学习或者 MOOC（massive open online courses，大规模开放式网络课程）自学，这些免费课程是由顶尖大学通过互联网提供的，尽管中途退出率达 95%，但这些课程对一些更严肃的课程而言是一种补充。对于半数的年轻人来说，那种在参加工作前在大学里待上三四年的学习变成了一种通过仪式，而且对于许多人来说，这是一种日益昂贵的度过这段时间的方式，因为教师数量太少，所以无法像我一样得到个性化的关注。看起来似乎随着更多的学习通过远程教育的方式完成，这些昂贵的住校式本科教育将会越来越少，大学将更专注于那些需要通过入学考试和面试的研究生教育与职业资格教育。

还有一个更好的选择是模块化学位教育的延展或者叫"能力本位教育"，当学生需要的时候可以选择模块学习，他们的学术研究往往与实际工作相结合，是一种自我组织的学徒计划，但是为终身学习而设计的。在美国，新罕布什尔南方大学的美国学院提供的能力本位教育，一年只需2500美元。其他大学也开始效仿。

这样也更便于年龄大些的学生重新接受任何水平的教育，并且可以边挣钱边学习。这并不是什么新观点。我的妻子16岁就离开了学校，但是三个公开大学的课程让她有资格学习兼职学位项目，与她正在进行的摄影师工作结合起来。她断断续续地花了5年时间学习并最终在50岁的时候毕业了，而在同一天，我们的儿子在完成常规的大学课程后获得了学位。可以说，我妻子从她的学位学习中收获的要比我儿子收获得多，尽管我儿子从毕业的仪式中毫无疑问地享受了巨大的乐趣。

第 13 章 未来的学校

当年轻人成熟得越来越早，而我们却在稳步地推迟他们参加工作，在支付薪酬之前要求他们有更多的学业成就的依据，这似乎很奇怪。最好的方式是在每一个阶段，让他们在工作中学习，并给他们付工资，在合适的时候再进行大学学习。这对于雇主和国家来说，将是一笔很好的投资。企业需要履行自己的职责，它们才是真正地为工作做准备的学校，就像在另一端，家庭需要承担的职责是为生活做准备的学校，而正规教育是连接的桥梁，合在一起，它们将创造一个有利于每一个人的第二条曲线。

政府可以通过补贴或者学徒的税收减免甚至个人的课程费用由本科院校储蓄冲抵等方式来鼓励这些举措。为了支付这一切，我们应该重新考虑教育税，不仅局限于大学毕业生，还针对所有从学校毕业后有所发展的人，让他们在完成教育后支付教育税，并根据每个人在完成教育过程中的花费来确定支付比例。如果教育真的帮助人们增强了赚钱的能力，那么这似乎是相当于把增加的那一部分收入按一定比例以税收的形式返还给了国家，从而保证一开始的初级课程是免费的。

教育是昂贵的，当如此多的教育资源似乎是被浪费了的时候，是时候重新思考一条第二曲线了。趁现在还不晚。

The Second Curve:
Thoughts on Reinventing Society

第 14 章

民主的挑战

我们的政府有多民主？它与目标相吻合吗

第 14 章 民主的挑战

建立一个民有、民治、民享的政府是西奥多·帕克（Theodore Parker）在 1850 年提出的著名的关于民主的定义，他称之为自由的理念。如今似乎是一个遥远的梦想，人们随处都能听见抱怨和不满，而且不仅仅是在英国，近些年，政府和政治家的信任已经消失，这破坏了国家的和谐。究竟出了什么问题？

在我看来，出现问题的原因有三个：一是历史的危险诱惑，二是权力的联合而不是分立，三是未能过渡到一个适当的权力下放体系或者说是联邦制度。在局外人看来，最后的结果似乎就是在过于集中的结构中由一个封闭的圈子运行的僵化体制。因为英国在过去几百年多少有些得过且过，它已经达到了第一曲线的顶端，而且没有看到改变的理由。2014 年秋天的苏格兰独立公投是一个迟来的警钟，应该在一切都为时太晚之前引发第二曲线。

历史的诱惑在英国政府的核心——议会两院获得了充分的例证。1547 年，国王爱德华六世（King Edward VI），一位信奉新教的国王，将威斯敏斯特宫中的圣斯蒂芬小教堂的使用权给了议会，作为他们的辩论室，此后这个小教堂不再用于宗教用途。小教堂里有两排面对面的座位，在其一端有一个屏风和两个双扇门，在凸起的平台上方有一个十字架的祭坛。小教堂仅能容纳 300 人，也就是 2/3 的议员，因此议员竭尽所能地对小教堂进行了充分利用。他们把双扇门用作投票装置，要求那些赞成议案的人通过一扇门，而那些反对的人通过另一扇门。他们把自己的发言人扶上祭坛并要求议员在进出教堂时向十字架鞠躬。教堂在1834年毁于火灾，重建后又于第二次世界大战中被炸。两次重建的时候，人们都决定参照原来的样式，保留两排面对面的座位，而且规模依然很小，以容纳不超过2/3的议员。时至今日，国会议员进行投票仍然是通过那两扇门，尽管十字架已经不在了，但他们在进出时依然鞠躬，依然没有空间让所有的人都坐着，他们还依然排坐在相对的长凳上，这使得他们很难从心理上找到共同利益。450年前，一个闲置教堂的权宜使用仍然影响着我们今天法律的辩论和制定（只有在英国历史上才有这么大的威力）。在教堂第二次重建时，丘吉尔曾说："我们塑造了建筑，然后建筑塑造了我们。"在这句话里，他可以合理地把"建筑"这个词替换成"历史"。

历史中通常会有浪漫气息，很多人认为在这一特定的历史中有一定的逻辑性：一个紧密的小教堂可以鼓励辩论，相对的长凳意味着两党体系，很多人认为这样会产生更强的政府。人们要改变现状需要充足的理由，即使这个现状是源自很久以前偶然的权宜之计。但历史可能是创新的敌人，忽略那条更好的通往未来的路线或者说第二曲线，光靠怀旧之情往往到不了戴维酒吧。

既然我们现在已经选出了议员，他们要全职工作，因此为他们所有人提供空间参加辩论才是明智的，不能把没有座位当作借口。此外，既然两党制在各个国家，包括英国都发展成了联合政府，那么一个马蹄形的房间将更适应当下新的现实情况，从而减少辩论的对抗性，达成更多共识。一般来说，在制定政策或者在法庭上，对抗并且必须要有一方获胜的形式，往往并不是最好的解决问题或寻求真相的方式，而且也绝非必要。一位资深法官在他之前脱离律师的角色而成为一名法官时告诉我他如释重负，他说："现在，我终于可以去寻找真相了。作为一名律师，我的职责是为客户服务，无论他是有罪还是无罪。我发现这很困难。"

在议会里，和大多数人的生活一样，妥协通常是最好的推进方式，但当你我之间处于相互对立的情形时，妥协是很难实现的，而历史和建筑又进一步强化了这种情况。在美国，妥协是宪法的起草者所必须承担的，权力分立的原则也被视为一种权力的平衡，大家共同为国家的利益而工作。如果这个过程充满对抗，那整个体系就会停摆，就像奥巴马政府一样。

我们需要进一步思考政府和下议院（House of Commons）在其他方面的历史相关性。以英国首相执政第一天所面临的困境为例，首先要组建一个执行团队来管理这个国家，当然这个团队是由一套完善而复杂的行政机构所支撑的。根据法规，一届政府只允许有84名付薪部长，而且必须从国会议员中产生，主要是来自下议院的民选议员。如果选举进行得顺利，那就可能有400位候选人可供选择。然而这些人一开始并不是按照管理者或领导者的要求来选举的，因此也不能寄希望于他们具备管理国务院所需要的能力。任何一家跨国企业的CEO，如果面临这样一个有限的人才库，都会立刻让猎头机构开始搜寻人选。仔细一想，让人惊讶的是国家的运作似乎也与此类似，唯一不同的是政府是在一个封闭的范围内选择的，而这在其他领域中会被谴责。

那还有其他可能吗？安东尼·金（Anthony King）教授让我注意到了这个令人惊讶的事实：英国和爱尔兰是欧盟28个成员国中，仅有的两个认为全部部长应该来自议员的国家。在其他所有国家中，部长要么不能担任议员，要么可以担任议员而并非必须是议员。解决英国所面临的问题的一个办法是从议会之外招募具有必要经验的人，并通过上议院（House of Lords）把他们介绍给议会。因此，英国前首相戈登·布朗（Gordon Brown）实行了他的"goats"计划（government of all the talents，政府面向所有人才），却跟他之前实施过类似举动的前辈一样，发现新招募人员觉得议会制度太令人窒息，即使在充满绅士气息的上议院也是如此，于是很快离开了。

那么，人们不禁要问，为什么英国要如此与众不同，如此顺从于传统？对于公认的（不成文的）英国宪法权威，白芝浩（Walter Bagehot）甚至这样说："内阁……是由立法机构从了解和信任的人中间选出来的控制委员会，以治理这个国家。英国选择部长的特定模式……限定内阁必须从立法机构中产生的规定，是从这个定义中衍生出来的意外……一个包含了非议员在内的内阁仍然可以履行所有的职责。"

过去，英国人认为把政府的三个角色：立法机关、行政机关和司法机关都融合在议会中（尽管分为上下两院）是正确的，这样做的目的是产生更多的和谐及一致性。但这样做过头了，人们就会开始怀疑，因为独裁政府也是这么做的，把三种角色合而为一。事实上，英国人有时确实被指责民选出了一个独裁政权。考虑到在加入欧盟之前，一旦体面地以多数当选，行政机关就拥有了不受约束的权力。最近，英国已将司法部门分离成一个独立的最高法院，或许它也应该对行政机构进行类似的改革，目前行政机构仍然对议会负责并受其约束，但不再隶属于议会。问责制应该通过专责委员会制度而不是下议院来执行，这一点应该与美国、荷兰、丹麦或者许多其他国家没有什么不同。弗朗索瓦·奥朗德（François Hollande）当选法国总统时，一开始承诺只任命当选的议员进入他的内阁，但当需要任命一位银行家做他的新任经济部长时，他很快就忘了他的承诺。

按照实际情况来看，这个体系是比较混乱的。部长既要把时间和注意力放在选举出他们的选区上，又要专注于他们的部长负责制，而这些往往是不一致的，这使任何一方分得的时间都很少。更令人担忧的是这种现实，也就是任何有志于帮助管理国家的人都需要首先被选入议会。其结果就是，从政已经成为一种职业，通常从一个智囊团或政党的政治办公室起步，然后忠实地遵守这一政党的纪律。这些同样适用于英国的公务员，不过最好早点开始，如大学毕业后。结果可能是这个国家最终是由一群缺乏社会经验和管理经验，而只有政治经验的人来管理的，并且把那些不愿过早地投入政治生涯或者重视自己独立性的人排除在外。如果更多的部长和国务秘书来自政治圈之外，那么政府各部门就会有更多的机会采用更长远的视角，而不用太关心这对他们的连任或晋升的影响。毫无疑问，这会是一个逐渐改变的过程，国家的主要官员继续由立法机关的成员填补，但一旦开了先例，实践中类似的情况就会越来越多。

如果由一个独立的法定机构负责维护和发展国家的基础设施，而不是像现在的英国那样由财政部的一个部门来管理，那么其考虑得可能会更长远。新西兰最近扩展了其行政事务委员（Civil Service Commissioner）的角色，把管理的职责囊括了进去。这也许是故意通过一种不明确的任期的方式，让其对长期的基础设施进行监督。另一个选择是让这种监管成为经过改革而变得更小的上议院的责任，新的参议院里参议员的任期是固定的，比如15年，这些人都应该是各自领域的专家，不需要那些不合时宜的头衔来修饰。他们不仅要像现在这样承担起新立法修正的职责，而且要成为国家未来的守护者。如果有一天英国要开始建立一个重要投资的储备基金，那这就应该是新的参议院的职责。这将使得参议院在国家的未来发展中扮演更积极的角色，而不仅仅是承担审计或检查的职责。

如果英国接受这样一种理念，并开始第二曲线，那么它可能不得不打破另一个传统，并走向正式的宪法以巩固法律责任的约定领域。通过这次更新，我们可以庆祝《自由大宪章》（Magna Carta）诞生800周年，这是我们唯一接近正式宪法的文件。一部正式的宪法将有助于处理政府和工作组织由于管理内部差异问题而带来的一系列的混乱。每个国家都有繁荣地区以及毗邻的贫困地区，日益拥挤的城市和逐渐空旷的村庄，在经济上，以相同的方式对待每一件事和每一个地方是有道理的，但是，尽管规模经济是明确的，并不是每一个地方的东西都是一样的。同样无法估量的还有那些感觉到被忽略、被剥夺了权利和被打击的人所感受到的委屈。英国北部的人们说伦敦是另一个国家，但反之亦然，英国北部或者说康沃尔也是如此，最近这一地区被欧盟授予受保护的少数地区，与其他的凯尔特民族归在一起。

显而易见的答案是联邦制，这是一个被证明行之有效的体系，也是英国人在离开他们的殖民地或者打败敌人后所占领领土时，建议当地人采用的体系。比如在德国，联邦制确实运行得很好，但英国坚决避免在本国实行。联邦制不同于地方分权，尽管权力是分布式的，但是由地方授权给中央，这是一种反向授权的形式，被冠以一个不好听的名字——辅助性原则（subsidiarity）。辅助性原则是天主教社会教义的一部分，是由教皇庇护十一世（Pope Pius XI）在1931年定义的，他说"个人基于己力即可胜任之事项，不应将其剥夺而成为社会之活动"，或者用我的话来解读，窃取别人的选择在道德上是错误的，这种窃取就是造成在英国和其他非联邦国家的那些心怀不满的人有如此多的抱怨的原因。

从理论上来说，在联邦体系里，地方同意把责任和义务让渡给中央，它们认为中央可以代表它们，比它们自己要做得更好。在实际操作中，责任的划分关键是谈判。如果仅由中央决定，那协议就无法达成。如果有更多的自由来支付和运行自己的事务，新的地区将有充分的积极性用好它们所拥有的资源，甚至与联邦的其他地区竞争。联邦制释放能量、鼓励尝试，培养当地的自豪感和忠诚度，在紧要关头依然起大作用，因为它能联合不同地区的力量。在德国运转良好的体系，也可能在法国、西班牙、意大利和英国运转良好，所有的国家都在努力把它们的不同地区连接在一起。人们对城市以及当地的足球俱乐部，已经比对一个国家还要忠诚，因为国家本身就是一个相对较新的概念，而且正在把世界分割开。重要的是，联邦制要求人们有双重公民的意识：一个是对整个国家的，另一个是对所在地方的。一些人会因为同时是德州人和美国人、巴伐利亚人和德国人以及欧洲人而感到高兴。按照玛格丽特·撒切尔（Margaret Thatcher）的说法，主权可以共享，或许更多的时候就应该这样，因为全世界都在寻找各种联合从而在全球大浪潮中生存。

联邦制在细节上比较复杂，但如果做得好的话就不混乱。它看起来没有条理，存在许多异常情况，许多热衷于效率的人们都想纠正它，但它的优点是可以让个体以适合他们自己的方式自由地保持差异性。大型组织正逐渐认识到，政治思想和理论往往比管理手册教会他们更多。联邦制新曲线的时代来临了。差异不再被消除或忽略，它们必须被承认并被合法化，否则它们将会爆发。因此，大型机构包括政府，正在慢慢进入混乱形式的联邦体系，但通常它们不这么叫，甚至有的都没有意识到。如果它们遵循一个联邦团体的既定要求，尤其是辅助性原则或反向授权以及权力分立，它们就会发现一切都不那么混乱了。

在任何情况下，一旦达成协议，责任的划分就需要被记录为正式宪法。英国正慢慢地变成准联邦制或者它更愿被称为"权力最大下放制"（devo max），以回避那个可怕的以 F 开头的单词。新的联邦英国将包括威尔士、北爱尔兰、苏格兰，或许还有英格兰的五个大城市和地区。过程是复杂的，事实上由于英格兰自己太过占据主导地位，很难从地理上按地区城市对其进行划分。调查还显示，虽然地方官热衷于更多的权力下放，但当地公民并不那么渴望，他们宁愿中央来做重大决策。异乎寻常的是，可能要把自主权强加给他们，而不是他们自己去争取。

联邦制的协商通常是一个缓慢的、试探性的过程，需要各方释放善意。然而，如果联邦制英国早一点出现，就会避免许多困惑和苦恼。以松散的联邦制形式存在的邦联（confederation）是不同的，在邦联中，辅助性原则更加强大，只有在少数地区的共同责任是一致的。欧洲从根本上说是一个在特定领域有特定协议的国家邦联，主要是针对贸易、人口和资金的自由流动，还有太多其他事项没有涵盖。要将其推进到一个完整的联邦，只有当欧洲作为一个整体受到外部力量威胁的时候才会发生，尽管一些国家可能会在较大范围内建立自己的联邦。

实际上，正如在许多国家权力过于集中，代议民主制（representative democracy）正在失去其效力。太多人连票都不投，要么是因为他们不再相信他们选出的政客能值得尊敬地履职，要么是因为他们觉得自己的投票不会有任何影响。在联邦体系里，本地事务由本地人决定而且大部分支出用于本地人，这将吸引更多的选民，因为他们看到自己的投票将会带来影响。如果让投票更容易那就有所助益，人们通过互联网进行电子投票的这一天肯定会到来，这已经在爱沙尼亚投入使用（尽管其系统的安全性发出了警报）。

在英国，根据法律，我必须通过政府网站进行增值税申报，但不能这样进行投票。相反，在选举中投票，如果我选择邮政投票的方式，我将要填写一个邮政投票的表格，填上我的出生日期和国家保险号码，把它放进一套复杂的信封里，在选举日之前寄出去。但如果我采用电子的方式，填写国家保险号码以及密码和代码，会有什么不一样呢？当然，我们会错过电视直播票数统计，也会错过在漫长的黑夜里等待统计结果，因为结果几乎可以立即统计出来。同时我们也会错过在星期四的夜晚，冒雨走到当地的学校礼堂，在一些人检查了假定是我们的选民登记卡并把我们的名字从清单上勾掉后，走到一个帘子后面把一个划了"×"的选票投进选票箱里。我想问，当人们认为电子投票被滥用时，这种方式又有多安全？

仪式很重要，它为事物增添了意义。我知道要求国会议员投票时步行通过那些大门的仪式源于圣斯蒂芬教堂，这不仅意味着他们必须在场并按本人计数，而且这种仪式还给予议员一种提醒，提醒他们为什么在那里，即使有时候他们不知道自己在投什么票，而只是跟在人群后面。然而，有些仪式只是怀旧，并最终变得不正常。现在手动投票就是其中一种。如果我们想让人民，特别是年轻人，认真对待民主，我们就必须采用新的沟通方式。否则我们在去戴维酒吧的路上就冒着克莱顿·克里斯坦森所说的"技术滑坡"的风险。2014 年的苏格兰独立公投，投票人数为 84%，这表明当事情关乎切身利益的时候，选民会去投票，无论是冒着雨、冰雹还是阳光，但并不是所有的选举都能如此触动人心或引人注目，看看欧洲选举时的投票人数就知道了。

  电子投票带来的一个不好的消息可能是大众投票的增加，在代议民主制和公民投票的直接民主制之间存在固有的冲突，人们不能两者兼得。政治决策是复杂的，需要仔细的和专业的分析，很少能刨除大部分的假设和隐含的后果，进而被简化为一个简单的问题。为什么不把做决策的责任留给那些被精挑细选出来的人，因为他们被认为有能力代表我们做决定？正如伟大的辉格党（Whig）政治家埃德蒙·伯克（Edmund Burke），提醒布里斯托尔选民所说的，他是由他们选出来治理国家的，而不是去推进他们的地方事业的，他是他们的代表而不是他们的代理人。尽管选民不认同并在接下来的选举中把他推下了台，但伯克所说的代表和代理人之间的区别是代议民主制的关键。公民投票将会削弱这一点并导致人才流失。

  如果人们想对与他们切身利益最密切相关的决定产生

影响，他们需要在自己所在的地区成为活跃的公民，联邦制会让这变得容易一些，而我们所使用的语言里的另一个变化也会有助于此。英国仍然称呼其人民为臣民，虽然在学校里教的是公民，从语言中透露了一些信息，臣民意味着按照他们被告知的方式去做事，而公民是一个国家的起点和力量，他们有权利，也有义务，他们是或者说应该是积极主动的，而不是消极被动的。但是，如果要让人们成为积极的公民，首先必须为他们创造便利，他们必须能够看到自己的投票结果能够给当地带来一些变化。为了他们更直接地参与，也必须让他们看到自己的参与是一个带来改变的机会。目前英国的地方政府实质上是中央政府的分发代理，超过 3/4 的地方支出由中央决定。除非地方议员的角色发生改变，否则大多数人不会认为自己牺牲一晚上的时间是值得的。

　　长期以来，大多数人认为自己对于国家和社会运行的方式无能为力，这对于发展积极公民而言不是一个好基础。政府必须对人民变得更加开放和真实。这需要对国家运行的方式以及支撑它的假设进行重大调整，筹划那条第二曲线，并且越快越好。

The Second Curve:
Thoughts on Reinventing Society

第 15 章

他人的必要性

他们是谁？在哪里找到他们？怎样保留他们

"没有人是一座孤岛，完全能自保。"约翰·邓恩（John Donne）说。我们需要别人让我们觉得自己是被需要的，是有用的，如果可能的话，是被爱着的，从而与这个世界连接。我们生活在这个超级连接的时代是何其幸运，但事情并非总是如此。大约在1837年，罗兰·希尔（Rowland Hill），我妻子的一个遥远的祖先，开始对大不列颠的邮政系统感兴趣。从某种意义上说，这件事与他毫无关系，他只是托特纳姆的布鲁斯城堡男校的一个有远见的校长。当时他想要找到一种方法来激发学校里年轻的学生学习阅读，他突然想到改革邮政系统或许可以做到这一点。当时信件很罕见并且昂贵（从伦敦寄到爱丁堡需要1先令6便士），邮资都是收件人到付。那时只有富人才往家里写信，如果他们能保证收到他们信件的人有钱付邮资。家人与离家的儿女失去了联系，分居两地的夫妻爱情也枯萎了，就像希尔遇见的一位年轻女士，她因为付不起未婚夫给她寄信的邮资而痛苦。在大多数情况下，人们对此可谓眼不见，心不烦。

罗兰·希尔着手重新连接这个国家，顺便为学校里的孩子学习阅读和写作提供一个理由。他有一个革命性的想法就是无论要寄多远，所有信件的邮资都定价为1便士，并要求预先支付邮资，最终形成了可以提前购买的邮票，也就是一开始的黑便士。人们嘲笑这个方案不切实际，觉得希尔涉足这件超越了自己职责范围的事情是不合时宜的，这是所有有远见的人会面临的情况。但理智最终占据了上风，1839年邮政体系开始改变，由希尔来负责。几年后，1便士邮资的思想被全世界所效仿，罗兰·希尔重新连接了世界，而不仅仅是英国。这是仅凭一己之力就推动的第二曲线。

从某种意义上说，另一个英国人蒂姆·伯纳斯–李，就是150年后再生的罗兰·希尔，他利用互联网及其衍生品、社会媒体，以一种奇妙的方式把世界连接在一起，当然我们现在看起来这一切都是理所当然的。但连接在一起未必意味着关系密切，在推特上有20 000个关注者不等于有20 000个联系人，更别说20 000个朋友。当一个朋友吹嘘说他收到了120个朋友的生日问候时，我问他是否认识他们所有人，他说："我肯定在某个时候、某个地方见过他们"。"或许你的意思是在你的iPhone上见过吧。"我补充道。你可能会在人群中感到孤独，对此我太了解了，相反，你也可能独自一人待在房间里却感到舒服。独处和孤独是完全不同的。

有越来越多的证据表明，过多的沟通会对人们不利。Facebook鼓励人们展示自己不能辜负的奇思妙想，当周围的所有人都在 Twitter 上发言宣扬自己的成就时，人们很容易感到自己在错失良机，甚至认为自己是个失败者。在社交媒体的空间里，人们可能会像在一个嘈杂的聚会上一样觉得自己像个陌生人。孤独并不能靠人们口袋里的 iPhone 解决，它反而会让情况变得更糟。我看着地铁或者公交车上的人们强迫症似地一遍又一遍查看自己的手机讯息，期待着别人在等自己回复。孤独可以是人们手机里空空的收件箱。

各种各样的孤独，已经成为现代社会的一种新的贫困。英国人看起来似乎特别孤独，孤独感在欧洲排名第二，仅次于德国人。只有 58% 的人感觉自己与周边的人连接在一起，1/8 的人没有可以拜访的人，并且认为电视或宠物是他们最好的朋友。超过 75 岁的老人有一半是独居，大约 100 万英国人表示自己除了在收银台结账时惯常地应答外，通常一个月都不跟任何人说话。研究发现，孤独所带来的后果应该为我们所有人敲响警钟：孤独可能会增加认知能力下降以及罹患老年痴呆症、高血压、心脏病和抑郁症的风险。对于健康而言，孤独比肥胖更危险，相当于每天抽 10 支烟，尽管现在有一系列新的方法来连接彼此，比如志愿者帮助方案以及专业服务老年人的住房。

但是我认为，孤独跟我们通信录里有多少个名字没有关系，跟与他人接近或连接也没有关系。相反，孤独是一种你不用考虑其他人的感觉，一种在世上被忽略的感觉。遗憾的是如果其他人在你眼里无足轻重，那么你在他们眼里也是如此。如果你从来没有跟你的邻居打过招呼，那么你也不能指望他们跟你打招呼；如果你总是从孩子身上索取而从不付出，那么你因为他们忽略你而惩罚他们也是无济于事的。关心必须是相互的。如果人们因为一些共同的努力而连接在一起，那么这种相互关系通常是比较容易的，这一般发生在抚养子女、家庭、体育或社区活动中。孤独感的增加，是因为现在越来越多的人独自生活和工作，很少有能把人们拉在一起做些需要共同承诺的事情。即使共享一个共同的空间也能对此有所帮助。自我负责的社会的一个缺点就是人们之间缺乏共同努力，甚至是一个共同的会面地点。如果没有这些，就算 Facebook 上有再多的信息也不会有任何区别。

这就是工作场所在社交上如此重要的原因，虽然工作本身是无聊的或者似乎毫无意义的，但它是一个让个体连接的地带。因此，无须怜悯在收银台的怪老头，他在那儿不仅是为了赚钱，也是为了茶歇和聊天。这就是为什么家庭一直是社会的关键，即使家庭成员之间会争吵，这也是为什么各种教堂、犹太会堂、清真寺、佛教寺庙一直被视作相聚的场所。重要的不是有些家庭会争吵得多厉害，宗教聚会有多少争辩，或者其他顾客有多喧闹，而是，至少在一段时间内，你是他们其中的一员，你不是一座孤岛。

对于一些人而言，健身房取代了教堂或办公室，成为了社交空间。对于另一些人而言，也许是当地的星巴克或咖世家（Costa Coffee）咖啡店、理发店、美甲店或投注点，这些在我看来都是闲聊的场所，把人们连接在一起形成了志趣相投者的社区。当地书店的咖啡角也演变成了聊天的场所，图书馆和超市也可以效仿增设聊天角。凯瑟琳·怀特霍恩（Katharine Whitehorn）认为我们需要更多的社交空间，这是我们应当享受的权利，最好不用付太多钱或是免费的，在那里我们可以不经介绍随意与他人交谈。

然而，如果你与另一个孤岛或一群类似的孤岛相连接，可能情况会更好。友谊就是一种需要珍视和呵护的相互关心，如果只是单向的，它就会被打破。婚姻或者类似的关系是最亲密的友谊，而家庭仍然是最普遍的社会群体，即使是现代的"灵活"家庭包括继子女和另一半，偶尔还有前任在内。不久前，我在节目中谈到我的女儿，就有一位听众问："你的妻子也有一个女儿吗？"我意识到或许当前丈夫和妻子各有自己的孩子是更普遍的情况，因此未来我在提及女儿时必须说是"我们的"女儿。

然而对于难得的欢聚而言,家庭既是问题又是显而易见的机会。相比于任何一家咖啡店,它们都应该是更好的相互支持的场所,因为它们是现成的从一出生就拥有共同命运的地方。当然,遗憾的是,没有人能选择自己出生的家庭,甚至无法选择自己要与之结婚的那个人,因此更无法保证你的兄弟或姐妹、母亲或父亲会是一个与你志同道合的人。该隐(Cain)和亚伯(Abel)的故事作为同胞相妒的一个例子,已经流传了数百年,虽然并不是所有人都会以同室操戈而告终。我常常同情浪子回头这个比喻故事里的哥哥,他目睹了感情和宽容被犯错误的弟弟无情挥霍,而自己忠诚的服务被视为是理所当然的。家庭并不总是和谐的模式。

然而每个家庭都有一段共同的历史,并因此有一种默认的义务。当所有其他的一切都失败了,家庭(或者是部分)依然存在,即使人们对此默默怨恨。在英国大约有600万个家庭照料者,他们大部分没有报酬,因为爱或许是不情愿的义务而工作。家庭是天然的维修站,也是残留的爱的港湾。他们值得你去努力维护,因为或许有一天你可能会需要他们。重要场合的家庭聚会、彼此分散的家人之间的良好沟通、通过电话和Skype甚至家庭网站分享好的或坏的消息,这些都是行之有效的保持归属感的方法,从而使得家庭不仅仅是一段个人历史。

家庭正变得越来越大。在我的祖父母辈中，我只知道我的祖母，她在我9岁的时候去世了。而我们的孩子知道他们的每一位祖父母，而且他们的许多曾祖父母在世，更不用说继祖父母和不同辈的表兄弟姐妹了。有了这些各种各样的关系，家庭应该被称为部族更准确一些。对于一些人而言，把自己视为属于一个部族而不是一个家庭，或许会更容易一些。这样会有更多的选择空间，去选择与你感觉更亲近的人，在适应时也不会有太大的压力，从而为个体差异提供更大的空间。我常常想，如果我们使用的词汇的变化预示着实践中的变化，那么以部族取代家庭将意味着反思我们的家庭，以及家庭成员之间的关系。

或许我们也要给婚姻换一个新词，以反映这种制度的新的灵活性。对于一些人而言，婚姻承载了太多的宗教色彩，而伙伴关系听起来又太弱、太没有感情。我也不知道如何解决，只是观察到我们在语言上遇到的困难是我们这个不断变化的社会的一种征兆。然而，一个正式、合法的承诺似乎对年轻的家庭成员来说具有重大的影响。一项针对英国15岁青少年的研究显示，如果父母只是同居，那只有3/10的孩子生活在父母双全的家庭中；而如果父母正式结婚了，那就有7/10的孩子仍然生活在父母双全的家庭中。或许政治家是对的，在婚姻中的法律承诺是一个家庭最好的基础，至少在头几年是这样，虽然这一点小小的纳税优势带来这样的影响似乎看起来是一种侮辱。

  现在许多人都不再期待任何一种婚姻能延续一生。婚前协议正变得越来越普遍，而离婚也被广为接受。在维多利亚时代，婚姻平均持续15年，和如今的时间一样。差别在于，维多利亚时代的婚姻，甚至更早以前的婚姻，是以配偶，通常是妻子的死亡而告终的。而现在婚姻的结束是因为离婚或分居。或许对于一段关系而言，选择持续的话，15~20年是一个更自然的长度。我和妻子已经结婚52年了，而且我们仍然视对方为自己最好的朋友。因此，一段长期而忠诚的关系是可能的，但我们中途明确地改变了我们的隐性婚姻契约关系。在最初的25年里，我作为丈夫在外工作、赚钱养家，而我的妻子经营家庭、养育孩子，并通过兼职生意补贴家用。我们白天的生活是分开的，所以我们的许多朋友关系也是分开的。当孩子离开家，我成为了自我雇用者，我们的生活发生了变化。我妻子重新开始了她的摄影生涯，同时也成为了我的文稿代理人和经理。我们一起为我的项目和她的项目而工作，把我们的技能组合在一起并分配好烹饪和家务。现在我们分享一切，没有一个我认识的人而她不认识，反之也是如此。

虽然其他男人有时会把工作中的同事变成了妻子，但我们恰好相反：我的妻子变成了我的同事，这重新点燃了我们的关系。我经常说，当然有一部分是开玩笑的，那就是跟我们遇到的很多人一样，我在经历我的第二次婚姻，但是跟同一个女人。

所有的关系都需要不断更新，特别是亲密的关系，因为人和环境在变化。终止一段关系可能过于激烈，对于可能会受到影响的其他人而言也太过痛苦。更好的方式是，无论如何开始，都要探索一个新的契约。把关系视作一种契约、一种期望值的交换，可能听起来太正式、太墨守成规、太不浪漫，如果这种关系是婚姻的话。但对于不再希望受到传统束缚的人们而言，当他们需要自由，需要以新的方式来定义自己的时候，这种方式可能是有用的，它可以让人们探索一种以不同的方式结合在一起的可能性。

爱情，最好能发展为一种深厚的友情，友情是对孤立、空虚、绝望等情绪的最好的补救办法，也是高兴欢聚、分享喜怒哀愁的最佳机会。16世纪英国的哲学家和散文家弗朗西斯·培根（Francis Bacon）在他的散文《论友谊》（*On Friendship*）的结尾谈到："一个男人作为父亲不能对儿子说，作为丈夫不能对妻子说，依据条约不能对敌人说，但在情形需要的时候可以对朋友说……如果（一个人）

第 15 章 他人的必要性

没有朋友，他可能会退出历史舞台。"人们可能会有许多朋友，有些可以一起聚会，一起运动，但在需要的时候你可以依靠的、提供给你帮助的朋友，或者按照培根的说法吐露实情的朋友，非常少。明智的做法是把这仅有的朋友紧紧捆绑在你身边，因为他们的价值无法衡量。遗憾的是，Facebook上的"朋友"并不在此列。大多数年轻人在接受调查时认为，在紧急情况下，他们的"朋友"之中没有人可以纳入其中。那些因为共同兴趣而新兴的电子社群同样也很脆弱，除了分享之外不能指望更多。

现在我已经80多岁了，我发现值得信赖的老朋友特别珍贵，也越来越少，因为他们很多都走到了生命的尽头。在刚结实新朋友的时候，你们会很兴奋，但除非你们共同经历了一些深刻的体验，否则他们不可能成为那一小部分可信赖的朋友。随着一个人年纪的增大，友谊的网络不可避免地会收缩。我一个90多岁的朋友感叹所有他同时代的伙伴都去世了，而那些年轻人，很明显只是对他感到同情，而不是真正的友谊。我在某种程度上解决了这一问题，我认为对后辈保持兴趣是必要的，做到这一点需要智慧，偶尔还要靠一些明智的慷慨。不与他人分享的生活，就像看着青草生长：无聊、孤独、没有意义。

保持对他人的兴趣，对他人感兴趣，这是老年人面临的主要挑战,要知道现在这最好是倒过来的,除非我们对别人感兴趣,否则他们不会对我们感兴趣。老人总是会情不自禁说很多话,重复讲述熟悉的故事,在没有被请求的时候给出建议。更好的方式首先是向其他人学习,特别是年轻人,在邀请他们进入你的世界之前,先进入他们的世界,只要你的好奇是真诚的。回报是巨大的,因为年轻人是未来,未来比我们已经太了解的过去更有趣。而能一睹年轻人所看到的世界是一种殊荣。但要保持连接,就必须使用年轻人的连接方式,这就意味着要用好社交媒体和新技术。

在这样一本主要是写给那些刚开始生活的年轻人的书中,我会恳求年轻人与他们的长辈交朋友,虽然长辈做过不少蠢事,但同样也积累了智慧和经验。在过去的70年里,世界似乎发生了很大的变化,更别说过去的1000年了,但有很多东西还是没变。历史可能不会重演,但会留下教训,这些教训老一辈懂得更多,因为他们已经吸取了。一个把长辈关起来的社会就是在浪费宝贵的资源。

总的来说,新的各种各样的关系使得人们在交友时有了更广泛的选择,但这也意味着没有任何牢固的关系是现成的。你的关系并不局限于工作的同事或成长的家庭,但这也意味着他们对你的责任少了,而且也正是因为有更多的选择,我们比以往任何时候都要依靠自己。但如果约翰·邓恩是对的,那么我们不能光靠自己生存,我们都需要他人,并且让他们也需要我们。如果我们想在社会中开辟新的曲线,就需要他人的支持,好朋友无论在哪里,我们都能找到他们,但寂寞能杀人。

The Second Curve:
Thoughts on Reinventing Society

第 16 章

与自己的契约

我们想从生活中得到什么？我们需要哪一种社会？亚里士多德是对的吗

第 16 章　与自己的契约

最后，一切都归结到一个永恒的问题："这一切都是为了什么？"为什么我们如此努力、热切地想改善我们的命运，改善社会的命运？改善究竟意味着什么？或者怎样才算是成功地做到了？在这些文章里，社会井井有条，我们还得回过头来问"为什么？下一步怎么办？"我们最好从甘地开始，这位老圣人当然是对的，他说，我们想改变世界要先改变自己。坐而论道一个更好的社会是容易的，但要让它实现就必须从我们开始，从我们视为自己的生命曲线的序列开始。我们准备做什么？或者为了达到这个目的准备做出什么贡献？总而言之，我们与自己的契约是什么？

如果我们知道自己想成为什么样的人，我们想过什么样的生活，我们赖以生存的价值观是什么，那就很简单。但是如果从一无所知开始，当生活像开阔的平原在你面前展开，而没有任何标志性建筑时，这就很难，而且也不足以让我们宣称想把世界变得更美好，正如我曾经做过的那样。首先我们需要定义什么是更美好，而不是盲目投入争论。我就像所有人一样渴望往前冲，不管去哪里，只要不是待在原地。

我曾经把我的生活描述给一位印度上师（Indian guru）听，他很有礼貌地听完了我所有活动的扩展列表，然后说："你似乎正忙于无处可去"。我意识到他是对的，我的人生没有方向。我从来没有解决这个大问题："我来这儿是为什么？"如果你不知道自己的目的地，那生活可能只是随机旅行，旅行的方向由你的同伴决定或者是由于一时冲动。我曾经就像这样。我记得在爱尔兰家里的客厅里，我和同样困惑的父母坐在一起，翻阅一堆地处世界上遥远地区的企业的招聘手册。我那时正在找工作，我唯一知道的就是我不想待在爱尔兰或者英国，当我这样做的时候，我只是想去看看这个世界并过上好日子。我在决定自己生活的时候就好像在选择去哪里度假一样，完全是由那些小册子的吸引力决定的。我很幸运，在那个年代有很多职位空缺，所以我可以选择，但如果我有一个好的标准，并且想起了亚里士多德的话，我可能会做出更好的选择。

正如我之前提到的，我曾经在东南亚为一家石油公司工作，我的父母对此感到的沮丧不言而喻。我必须承认，它给我带来了几年阳光和炎热下的快乐时光，但我最终意识到这不是我想要的，继续下去就是对我生命的浪费。因此，在进入下一段工作之前，我需要弄清我想要什么样的生活，以及怎样做才能有助于实现这种生活。就在那时，我读到一本有趣的书——《岛屿的模式》（*A Pattern of Islands*），这是英国在南太平洋的殖民官员的自传，他谈

第 16 章 与自己的契约

到之所以追求自己选择的职业,是因为想给自己的叔叔们留下深刻的印象,然后有一天他醒悟了并且意识到叔叔们都已经死了。因为叔叔、阿姨或父母而影响我们的人生选择是毫无意义的。让－保罗·萨特(Jean Paul Sartre)曾经说过,一个父亲能给孩子最好的礼物是在年轻的时候就死去,我告诉我的孩子我没有如此慷慨的计划,但我希望他们不会觉得有必要向我或者他们的母亲来证明自己的人生,因为这不过是另一种推迟他们寻求自己生活的真正目的的手段而已。

我花了人生的前 50 年去试图成为别人眼里我应该成为的样子,直到 50 多岁的时候我才感到舒服、放松和自信。但我并不后悔过去迷失的那几十年,因为我需要尝试一些其他的身份才能找到最正确的那个。我只是希望那几十年的时间能够短一点。我的结论是,我们不应该害怕尝试一种新的身份。事实上,我经常对那些刚开始起步的年轻人说,二十几岁是一段很好的用来尝试的时间,只要你不伤害任何人。一旦你发现那不是你想要的,你就可以把它从清单上划去,并继续寻找其他可能。

只有当你知道自己想成为什么样的人的时候,你才能解决你想要什么样的生活的问题。在我们这个时代,许多人会把钱,然后更多的钱,作为这个问题的答案。把它放到一家企业身上就意味着利润，而对一个国家而言就是经济增长。钱使得选择更开放了，但它只是延迟了这个问题，因为钱只是一个中间目的，是实现终极目的的手段。从逻辑上看，钱本身不能成为终极目的，因为它只是一个交换的象征，所以人们必须要问用钱来买什么。有一点是明确的，在达到了一定水平后，大约在年收入15 000英镑后，再多的钱就买不到快乐，因为总有一些人会更有钱，从而让你想要更多的钱。最近我偶然发现了一本我在学校时期保存的日记，17岁的我曾写过我想要的生活是一年2000英镑和一辆宾利欧陆（Bentley Continental）汽车，但其实我并没有那么谦虚：2000英镑是当时毕业生起薪的4倍，所以我的梦想相当于现在的年薪100 000英镑再加一辆车。我现在觉得很惭愧，因为当时我完全不知道如何去赚到这笔钱，或者我想如何生活，只是想开着一辆荒唐的车到处转，但那时的我和现在我遇到的一些年轻人没有什么不同——把钱作为人生的答案。

麻烦的是，你似乎永远也赚不到足够多的钱，企业高管不断上涨（当然不是必需的）的报酬似乎证明了这一点。即使当你满足了所有的需求和欲望，却总是存在凡勃仑商品（Veblen goods）。这个名词来源于索尔斯坦·凡勃伦（Thorstein Veblen）的比较商品理论，主要指的是定量配给的炫耀性支出，比如精英俱乐部的会员、专属区内财产的所有权，或者在公司薪酬排行榜中位列前十。对于另一些人而言，钱是一个记分牌，与能买到什么东西无关，但可以在福布斯亿万富豪榜上占有一席之地。在被问到为什么需要200万英镑的薪水时，一位企业高管承认他不需要那么多钱，而且即使给他涨薪他也不会工作得更努力，给他降薪他也不会不努力工作，"但是其他人都拿这么多，为什么我不该拿？"这样的财务之旅是没有尽头的，到最后没什么可给了，只有给予表扬。想象一下，有一个更终极的目标来证明所有的努力该有多好。人们说，钱就像肥料一样，需要四处传播，如果堆起来不用就会散发气味。慈善家因此四处鞠躬把他们的财富转化为肥料，但还需要更多的人来掩盖极少数人手里掌握的大量金钱的味道。

解决一个中间目标，比如钱，要比回答真正的大问题——"生活是为了什么"要容易得多。这个问题的答案究竟是什么？政府把重点放在经济增长上，因为它认为这是创造一个更好社会的必要条件，但这个目标让政府延迟了去探寻那个更大的问题，那就是一个更好的社会应该是什么样的？我的商学院的学生将重点放在他们毕业后的下一份工作和他们直接的赚钱能力上。当被问到他们这一生最终想做什么时，就像曾经的我一样，他们通常这样回答:"我要先积累一些资本,等我非常有钱的时候再考虑这个问题。"在绝大多数情况下,这一天永远不会到来,因为他们永远有赚不完的钱,企业和政府也一样。更多似乎永远意味着更好,因为它提供了更多选择。

人们很容易推迟去寻找这个大问题的答案,无论是在公众事务还是在私人生活中,都会为一些短期目标和要求分散了注意力,忙于无处可去。民主本身就容易产生群体压力,因为政党需要采取措施以争取当选,所以会迎合那些它们认为当下流行的关注点,这让人们想起了爱尔兰人说的:"我是你的领导,我做你的后盾。"大多数时候我们看上去是徒劳的,因为当政治领袖在公众面前发表他对于社会的愿景时,大部分都是冠冕堂皇的关于繁荣和公平的陈词滥调,他们中没有一个愿意为他们未来当选后可能要兑现的财富提供担保,更别提如果未能当选了。因此,他们扭曲和调整,为当地的小困难、未知的抱怨和取悦所有人的徒劳努力而分心,到最后他们满足于生存而不是进步,以赢得选举或重新当选。当他们被问到为什么我们应该投票给他们,他们会回复一个政策和项目的清单,但依然回避那个大问题:"为了什么目的?建设一个什么样的社会?"

或许我们已经对乌托邦失望了,这个由托马斯·莫尔

（Thomas More）描绘的理想社会，事实上是一个相当冷酷的地方，每个人的穿着都一样，并且分享他们的妻子和孩子。宗教声称能提供帮助，但它是通过在另一个世界定位终极目标的方式来实现的，因此它对人生的最终目的的定义很难确定。你必须对宗教里的神灵怀有信念并遵照神灵的指引。圣奥古斯丁（St Augustine）的上帝之城（City of God）是在某些超凡脱俗的地方建立的，而柏拉图的理想国（Plato's Republic）是由哲学家统治的，所有其他人都应该满足于他们被分配的社会的一部分。我有时会想，他是认真的吗？还是只是推测而已？

希望就在于，我们作为个体会做得更好，我们会找到一些标准来衡量我们的生活，并决定生活的目的。2500年前，亚里士多德意识到了这一点，他从逻辑上排除了所有的中间目标，寻找一些不是作为实现某种目的的手段而存在的，而是独立存在的，因为自身的缘故而有价值的东西。最后，他认为人生的终极目的是以合乎德行的方式，通过幸福（eudaimonia）追求卓越，这是他认为的美好人生。"eudaimonia"（幸福）是一个复杂的希腊语词汇，它通常被翻译成幸福，但亚里士多德要表达的并不是一种快乐或满足的状态，他指的是一些更积极和更富有成效的状态，更类似于米哈里·契克森米哈赖（Mihaly

Csikszentmihalyi）提出的"心流"的概念，或者一些运动员所说的"处于巅峰状态"。我把它翻译为"为他人的利益在你最擅长的领域做到最好"，换句话说，不辜负你的潜能。"他人的利益"很重要，因为亚里士多德很清楚发挥人的潜能必须与美德相一致，是合乎德行的，而不是自私的。他说过一句名言，人是一种政治（意思是社会）动物，无法独自生活。我们都需要一个超越自我的目标来让我们感受到自己做出了贡献，给某些地方、某些人带来了影响。

然而，亚里士多德毕竟局限于他所处的那个时代和阶级，他认为真正的成就，最好是由像他这样拥有财产的中年男性来实现。智慧的沉思对他来说是最有价值的活动。你会感觉到，对于亚里士多德而言，完美的生活最好是以这样的方式呈现的：下午在树下看书和思考，然后在与朋友享用过一顿美味之后展开讨论，毫无疑问，饭是他妻子做的，并由他的奴隶在一旁服侍着。当代哲学家阿拉斯戴尔·麦金太尔（Alasdair MacIntyre）这样形容亚里士多德："几乎是一个英国绅士"，并驳斥他关于幸福的想法是"令人震惊的"。我们没必要赞同亚里士多德通过他个人的行为对幸福的解读，但我们仍然可以认同他的基本理念，那就是实现人的潜力应该是我们每一个人的生活目标，只要它是为了人类的利益。

我在其他地方曾提出过可以有"适当的自私",也就是说要取得成功你必须首先投资于自己,但在那之后必须把那些成果用于某些超越自己利益的事情。如果你不先开发自己的潜力,那么你的贡献可能毫无价值,但如果你把发展成果全部留给自己,那这就是不恰当的自私并且最终无所得益。我在书桌上放了一块白色的石头。我把它摆在那儿是因为《圣经·启示录》中的一节:"圣灵向众教会所说的话,凡有耳的,就应当听。得胜的,我必将那隐藏的吗哪赐给他,并赐他一块白石,石上写着新名,除了那领受的以外,没有人能认识。"《启示录》是《圣经》中最黑暗和最神秘的书之一,因此我不能肯定它背后暗示了什么信息,但在我看来,这句话的意思是,如果我充分发挥了我的潜力,并且把它用于人类利益,而非个人利益,那么我将赢得自己的新名字,并且像书中说的,成为神殿的支柱之一,也就是社会的支柱。白色石头就摆在那儿,将作为我个人的挑战去寻找幸福,即使要付出余生的代价。

亚里士多德,正如我们所指出的,是古希腊有闲阶层的成员,他不必为生存而操心,而我们大多数人都必须在集中精力准备开发自己的真正潜力之前,满足自己的经济和社会的需要。追求个人幸福是第二甚至第三曲线要做的事,最好在你知道自己是谁,自己能做什么,不能做什么,不再为生存而困扰之后再去做。亚伯拉罕·马斯洛(Abraham Maslow),一位美国心理学家,用他的需求层次理论表明只有当你满足了自己的经济和地位的需求之后,才能准备追求他所谓的自我实现,这一与幸福并无二致的状态。因此,开始你会需要钱,但是不应该停留在这个层次。

罗伯特·斯基德尔斯基(Robert Skidelsky)和他的儿子爱德华(Edward),在他们那本引人入胜的著作《赚多少才算够?》(*How Much is Enough?*)中讲述了他们所认为的符合亚里士多德的美好生活的七个必要条件:健康、安全、尊重、个性、与自然和谐相处、友谊、闲暇。对于"个性",他们的意思是自由发展自己的性格。对于"闲暇",斯基德尔斯基父子强调,并不意味着不用工作,只要是你自己选择的工作,就不感到辛劳。我们可以就他们的列表和定义展开讨论,然而重点是,一个好的社会应该致力于提供这些条件,使每一个公民都有机会实现美好的生活和个人的幸福。

托马斯·杰斐逊是亚里士多德学派的,由他注释的拉丁版的亚里士多德的作品可以在华盛顿的国会图书馆中找到。在《独立宣言》原定的草案中,他承诺每个人都应该享受"保有生命、自由和追求幸福"的不可剥夺的权利,

第16章 与自己的契约

他是在用亚里士多德的术语。我认为，他的意思是，政府应该保证为人民提供条件，使他们每个人都发挥自己的潜力。当然这也有时代局限性，宣言并没有把妇女和奴隶包括在内，他们在相当久之后才被纳入进来。你可以把它看作对斯基德尔斯基的清单的一个更精炼的总结。

更进一步，我认为这是一个不错的总结，总结了一个组织应该对其成员所负的责任，如果使用得当，也将有助于组织履行对其他利益相关者的义务。任何由员工提出的迫切需要品的清单都有可能让员工培养新的能力，给予他们成长的机会，使他们对工作有更多的掌控，做出更大的贡献。只要给我们机会，我们内心深处都是现代的亚里士多德的门徒。如果没给我们机会，我们就应该去争取。

作为课堂练习，我有时会让成年的学生做写讣告的练习。"想象一下，你在80多岁的时候死了，有很多人出席你的葬礼，你最好的朋友已经提前准备了悼词，但你要求他必须简短，写下你希望他说的话，不超过300字。"实际上我会要求那些处于职业生涯顶峰的人，通常是40多岁，让他们站在自己生命的尽头，回头看。他们的工作简历早已被束之高阁或扔进垃圾箱，他们需要探寻其他的东西。他们希望被记住的是什么？他们对生活的最重要的贡献是什么？他们离开之后会留下什么？当我第一次自己做的时候，我发现这是一个令人清醒的练习，但也给予了我们一个梦想的权利。它的目的是帮助参与者正确看待他们目前的工作和生活，并专注于未实现的潜力。我估计亚里士多德会同意这样做，因为这是一种沉思的练习，而他认为沉思对于检视人生而言至关重要。

讣告的练习让人想起梭伦（Solon）给出的建议，这位雅典的哲学家和克里萨斯国王（King Croesus）的立法者，期待着人们赞许他的财富、成功和幸福，他说："没有什么可以使一个人快乐，直到最后的时刻"，这句话太真实了，果然，克里萨斯随后失去了一切，包括自己的王国，被囚禁在木柴堆上结束了一生。即使当你认为自己做得足够好时，其实你仍不够好，因为你可以做得更好，直到最后。休息可能会引发不快乐，因为没有工作，没有希望，甚至更糟的是，没有人爱。弗雷德里克·怀斯曼（Frederick Wiseman）84岁了，2014年他在戛纳展示了他最新的纪录片。在被问到为什么一直在拍电影时，他说："所有我的朋友要么死了，要么还在工作。"总是有工作要做，第二曲线在等着被创造。